JN290207

The First Claim…
a framework for playwork quality assessment

プレイワーク
子どもの遊びに関わる大人の自己評価

Play Wales & Bob Hughes
プレイ・ウェールズ＆ボブ・ヒューズ 著

Hitoshi Shimamura
嶋村 仁志 訳

学文社

© Play Wales / Chwarae Cymru and Play Ed. 2001

プレイワーク

子どもの遊びに関わる大人の自己評価

原題「The First Claim...
a framework for playwork quality assessment」

遊ぶ権利は、子どもが自分の住むコミュニティに対して、一番初めに求めるもの（the first claim）である。遊ぶことは、人生のための本能的なトレーニングであり、この権利をおろそかにするコミュニティは、そこに住む市民の心と体に深く、恒久的な傷を刻むことになるだろう。

デヴィッド・ロイド・ジョージ
（元英国首相 1916〜1922）

目　次

日本語版の出版によせて　5
まえがき　7

序　章　11
- 何が問題なのか？　11
    - 理論的／哲学的背景　11

第1章　イントロダクション　17
- プレイワークの評価　17
    - プレイワークの評価とは？　17
    - 評価の目的　17
- なぜ、プレイワークの評価が必要なのか？　18
    - 外的要因　19
    - 評価システム　19
- 評価のねらい　20
- この評価は、次の人たちに向けてつくられています　21
    - 他に、どのような人に有効ですか？　22

第2章　危　険　25
- 子どもの行動に見られる危険について　25
    - なぜ、危険は重要で、遊びに必要不可欠なのか　25
    - 刺激　対　安全　27
    - 失われる知識　28
    - プレイワーク──「受けとめる」専門分野として　28
    - 知識と危険　29

第3章　プロセス　33
- すぐれたプレイワークの実践に向けた自己評価　33
- 自己評価のための準備　35

◆ グレード　　38
　　　◆ このプロセスがプレイワーカーに与える影響について　　40
　　　　　結果　　40
　　　　　言語　　43
　　　　　反感　　44
　　　　　大人化について　　48
　　　　　恐れ　　50
　　　　　豊かな喜び　　50

第4章　基礎編　53
　　　◆ 定義と解説　　53
　　　　　考え方と用語　　53
　　　◆ 基礎編　プレイワークの評価表　　63
　　　　　プレイワークの評価表　　64
　　　　　質を阻害している要素　　66

第5章　中級編　69
　　　◆ 定義と解説　　69
　　　　　考え方と用語　　69
　　　◆ 中級編　プレイワークの評価表　　79
　　　　　プレイワークの評価表　　80
　　　　　質を阻害している要素　　82

第6章　よくある質問　85
第7章　上級編に向けて　89
第8章　参考資料と参考文献　95

謝辞　　103
書評から　　107
プレイ・ウェールズ　　111
日本語版あとがき　　113

日本語版の出版によせて

　この本を手に取ったみなさんにとって、「プレイワーク (playwork)」という言葉は、今までに聞いたことのない新しいものかもしれません。「プレイワーク」というのは、子どもの遊びに関わる大人のあり方を実践的・学術的に探究するために、1980年ごろにイギリスで生まれた専門分野です。

　イギリスでは、子どもの遊びに関わる実践者は、活動の形態を超えて、「プレイワーカー」という名称で呼ばれます。プレイワーカーは、さまざまな昔遊びを知っていたり、そうした遊びを子どもに指導するのが上手だったりすることが第一に求められるような「遊びの専門家」ではありません。プレイワーカーの役割の中心は、そこにはありません。プレイワーカーは、「遊びの専門家」というよりは、「子どもが遊ぶことの専門家」という方が近いかもしれません。この本の中でも詳しくふれられていますが、子どもにとって、「遊ぶ」ということは、本質的に大人を必要としない体験です。現代社会では、日本も、イギリスと同様に、三間（時間・空間・仲間）の喪失や、過度の管理責任の追及、「安心・安全」といった課題から、そうした子どもの体験を支える環境が何十年にもわたって失われつづけている状況にあります。

　本来、大人が提供する遊び場や遊びの活動というのは、そうした環境の不足を補うためにあるものです。大人がいる活動について考えるとき、本当に必要とされるのは、「遊びの指導」なのではなく、子どもが豊かに遊ぶことができるような、質の高い環境づくりと、それを支える大人の関わり方なのです。

現在、日本でもすでに多くの人が、ボランティアとして、または常勤・非常勤の有給専門職として、児童館や冒険遊び場、幼稚園、保育園、学童保育、放課後保育、子ども会、遊びの会、野外活動などの事業や施設、活動をとおして、子どもの遊びに関わっています。そして、「遊びの大切さ」については、分野を超えて数多くの考え方が語られています。その一方で、活動の形態や分野を超えた実際の実践の場で、どのような実践がすぐれているのかを言語化し、整理するという作業は行われてこなかったというのが実情だと思います。

　この本は、まさにこの部分に取り組んだ内容となっています。内容については、みなさんにじっくりと吟味していただければと思いますが、その中でも、「子どもの遊びを大人化しない」という考え方は、日本でも子どもの遊びに大人が関わる際に、大切な価値観になると考えています。

　この本は、2001年にイギリスのウェールズ（イギリスにある4つの国イングランド・スコットランド・ウェールズ・北アイルランドのひとつ）で出版され、それ以来、ウェールズ国内では、子どもの遊びにたずさわる人ための代表的な教科書となっています。また、この本を出版したプレイ・ウェールズは、2006年にイギリス政府から、プレイワークの価値の再検討を依頼されています。

　日本でも、子どもが遊ぶことに関わる大人のあり方と意義の整理は、大きな課題です。この本が、子どもの遊びにたずさわる人が集い、議論していくための一助となることを願っています。

翻訳者：嶋村　仁志

まえがき

　私は、何年もの間、他の専門分野と共通の課題も取り上げつつ、実践可能で、理解しやすいプレイワークのあり方を示すことができないかと考えてきました。今日では、おもに子どもの保護や「健康と安全」についての実践を中心に、いくつもの評価手順が見られますが、私たちの提案に注目が集まるようになってきたのは、最近のことです。

　私は、プレイワークが他の分野と一線を画しているのは、「何をするのか」ではなく、「どのようにするのか」を大切にする点だと信じてきました。その一方で、私たちは、〈何をするのか〉、〈なぜそうするのか〉、そして、さらに大切な、〈何をしないのか〉、〈なぜそうしないのか〉を表現した「考え方」や「共通の言葉」をもたないために苦しんできたのだと思います。私たちは、この本をつくるにあたって、科学論文の情報を参考にし、遊びに見られる「人間としての進化」や「順応性」、心理療法の側面を取り入れました。

　プレイワーカーは、(理想的には)「子どもを評価しない」という特別な立場で子どもと関わっています。プレイワーカーは、親でも、親戚でも、教師でもありません。「単に」子どもの環境にいる大人なのです。もし、その実践が効果的であれば、そこには遠慮のない、独特な関係が生まれるようになります。

　この本は、どのようにしたら、プレイワーカーが子どもの共感を得られる関係づくりができるのかを探るためにつくられました。これは単に、プレイ

ワークのあり方を評価するだけではなく、私たちがプレイワーカーとして、どこから来たのかを評価するものになっています。つまり、私たちが効果的な実践をめざすには、実践だけを見るのではなく、その実践がどこからきたものかを見ていく必要があるからです。

　この本では、今まであまり関係ないとされてきた要素も織り込み、どうすれば効果的な実践が可能なのかを明確にしたいと考えました。そして、達成されているかどうか、あまり自信はありませんが、「楽しいものであること」を意識しました。この本が、大人がプレイワーカーとして関わるどのような場面でも使える資料となることを願っています。

　私たちは当初、こうした評価の仕組みづくりは簡単なものと考えていました。けれども、この評価の仕組みを実践に当てはめながら分析していくと、それが驚くほど複雑であることに気づいたのです。この本は、できるだけ単純なものにしたいという思いはありましたが、多くの部分では、その必要性から、複雑さを取り除くことはできませんでした。また、意味が失われないと判断したものについては、かなり簡潔にすることができたと考えています。

　この本をつくる過程では、私自身も含めて、関わった多くの人から、「理解と実践の両面ですぐにも効果が出た」という声がありました。これは、私たちの考え方の根本が、まったく新しい変化を経験しているようでした。この本は、今までの評価の仕組みからの旅立ちだと考えています。その点では、実験的なものであるかもしれません。けれども、私は、この本が、「遊ぶ」ということと、それを推進するための〈法制度的なモデル〉になるものと考えています。このような本は、専門職のプレイワーカーとして、私がつねに必要としていたツールでした。

　このプロジェクトに参加したことは、私個人にとって、「自分の子ども時

代」と「親である自分自身」に向き合った発見の旅でした。この本を使うすべての人に、どこかで同じような体験を共有してもらえたらと思います。

　最後になりましたが、この本をまとめ上げるには、たくさんの考えと時間とエネルギーを注ぎ込みました。その全体像が失われないように、内容に一通りふれてみてください。

　この本は、「プレイワークの発展に最善を尽くすこと」を私たちに投げかけています。この評価の仕組みをよりよいものとするために、みなさんからのご意見をお待ちしています。

マイク・グリーナウェイ
プレイ・ウェールズ　代表

序　章

◆ 何が問題なのか？

▶▶ 理論的／哲学的背景

　人間社会全般を見てみると、子どもの遊びに特定の場所をつくる必要性を大人が感じるようになったのは、比較的最近のことでしかありません。

　その大きな理由は、安全です。つまり、交通事故からの安全、誘拐や危害を加えられることからの安全、ハザード（目に見えない危険）からの安全です。そこで、子どもが遊べるようにと大人がこの30年くらいの間に出した結論は、「大人が用意した遊び場に行けるようにすること」と、「遊びについて高いレベルの知識と経験をもつようにトレーニングを受けた大人、つまりプレイワーカーが、遊びを見守るようにすること」でした。

　ところが、こうした風潮が広がっていく一方で、何のために、どのようにして遊ぶのかは子ども自身が決定するものにもかかわらず、必ずしもそうではない実情も見えてきました。近年になって、プレイワーカーも含め、大人が関わる遊びの場が増えていく中、そこに財源を投じる資金提供者や運営者、保護者は、「子どもが何をいつ、どのようにして遊ぶのかについて、プレイワーカーが介入すること」を求めるようになりつつあります。このような考え方は、とくに最近の子どもの安全や機会均等、いじめ防止といった視点からも、強くなっています。

その一方で、子どもの遊びに介入することで、ふたつの影響があると考えられています。

▶ 程度の差を問わず、子どもが自分の遊びをコントロールできなくなってしまう
▶ 大人のコントロールによって、（遊びという）本能的かつ生物としての課題が、「大人化」または「社会生活への適応」と呼ばれる課題に置き換えられてしまう（エルスとスタロック Else and Sturrock 1998）

　遊びは、目に見える、生物学的動因の結果であると考えられています（スタロック Sturrock 1993、レニーとスタロック Rennie and Sturrock 1997）。そして、遊びは、人類の進化をとおしてずっと存在しつづけてきたものであり、「協調性」から「言語の獲得」、「脳の発達」から「適応能力の獲得」にいたるまで、人間の発達のすべてにおいて重要な要素と考えられてきました。もしこれが事実ならば（少しずつ、この方向で根拠が示されつつありますが）、子ども時代の日常的かつ豊かな遊びの体験は、すべての子どもの最適な発達に絶対的に不可欠なものです。

　けれども、大人による介入が増えていることで、遊び本来の〈大人が関わらない体験〉は、すでに、多くの子どもの生活から部分的または完全に失われつつあります。さらにいえば、大人が介入することが、この重要かつ繊細なプロセスにどのような悪影響を与えるのかについては、まだ明らかになってはいません。それにもかかわらず、この繊細で、壊れやすい遊びの本質を考えると、不適切なレベル、または不適切な種類の大人の介入（たとえば、子どもが遊ぶときに継続的に割り込んだり、遊びを変化させたり、途中で区切ったり、制止したりし続けること）が、多くの子どもに深刻な発達の危機をもたらす前兆となってしまうことを私は恐れるのです。

序章

　こうした発達の危機は、次の3つに示すように、すでに明らかになっている可能性があります。

▶ 肉体面　「不適切な」見守られ方によって行動が制限されると、子どもは、大人の目から離れて遊んでいたときには可能だった、自分の体をうまく調整することや、危険を判断すること、また、言葉や言葉以外のコミュニケーション、その他の社会的関係を複合的に成立させるための基礎を築くことができなくなる
▶ 情緒面　「不適切な」見守られ方によって行動が制限されると、子どもは目の前で起きていること（たとえば、人間関係や人がたくさん死ぬこと、モラル、宗教など）が、自分自身や身の回りの世界に意味のあるものとして感じられなくなる
▶ 肉体面と情緒面の両方が合わさったもの

　さらに、おそらく現在の訴訟文化の影響から、安全に対する心配は、遊び場の中でも、その外の世界と同じように顕著になっています。こうした背景によって、過去には当たり前と考えられていた遊びの経験全般についても、子どもに体験させてよいものかどうかという疑問が生まれるようになっています。

　これは、意図的に特定の遊びの種類（とくに「じゃれつき遊び」や、ある種の「社会遊び」「創造遊び」「熟練遊び」「深層遊び」）を多くの子どもの日常の遊び体験から奪ってきた結果なのです。子どもの遊び時間に影響があるだけでも、十分に深刻な問題です。さらに、子どもによっては、遊びの経験が、つくられた遊び空間の中だけということも起きています。こうした影響を受けた子どもは、〈遊ぶことを奪われた〉結果として深く傷つき、発達面にもその悪影響が及ぶ可能性が考えられています。

子どもが遊ぶこと全般のあり方についての問題は、最近になってかなり関心を集めるようになりましたが、それはとくに法律や、健康と安全に関するものばかりで、子どもが遊ぶこと自体や、そのための環境および心理的条件については、ほとんど注目されてきませんでした。

　こうした問題を提起するために、私たちプレイ・ウェールズは、この評価の仕組みをつくりました。ここでの目的は、プレイワーカーや関心のある大人が観察と振り返りをとおして、自分たちの活動する（子どもが利用する）遊び環境を分析し、そこで提供しているものや体験を評価することです。そして、そのときに得られた知識を使って、次のことを探ります。

▶ 子どもがしていることの本来のあり方
▶ 遊びがもっていると思われる、発達上および心理療法的な役割
▶ 子どもの遊びに関わるプレイワーカーの役割と機能
▶ 遊びのプロセスでの最も適切な大人の関わり方
▶ プレイワークで使われる言語と考え方

　遊びは、とても複雑な現象です。そうであれば、子どもが遊ぶことに関わる専門分野である「プレイワーク」が、同じように複雑であることは、驚くことではありません。子どもは、それぞれに欲求と権利をもつ社会的な存在というだけではありません。子どもは、多岐に及ぶわずかな要素によって左右される「発達の宇宙」の中にいて、その個人的な欲求が満たされるかどうかは、経験に基づく判断だけでは簡単に表現できないものなのです。

　そのため、この評価の仕組みでは、後頁に示したように、事実よりも原則

序章

を示そうと考えました。例として、この本では、遊びの概念を〈自由に選び、自ら方向づけ、本来、自らの動機に基づく行動〉としていますが、こうした原則は、プレイワーカーの直感や彼らの子ども時代の思い出、プレイワークの専門職としての経験、遊びについて書かれている科学論文など、幅広い情報源を元にしてつくられたものです。

　このような原則は、「使いづらい」「現実的ではない」「理想論だ」「従来のものと違いすぎる」、または、今ある活動の形やプレイワークの〈スタイル〉に当てはめると、「あまり関係ない」と解釈されることさえあるかもしれません。けれども、こうした原則をつくっていくとき、私たちは、活動やそこでのプレイワークの実践に子どもが当てはまるかどうかではなく、むしろ、その活動やプレイワークの実践が、できるかぎり、子どもの遊びの欲求をとらえているかどうかについて考えました。もちろん、実践でのプレイワークと、この本の中で提示された遊びの概念やプロセスに見られる遊び体験との間では、葛藤があることも確かです。

　こうした葛藤は、人類の発達や適応という側面で遊びが果たす役割の重要性が研修の中で低く見られてきた結果でもあります。それは、「法的義務」「社会への適応」「行動管理」といった要素が、過度に強調されてきた結果（ヒューズ Hughes 1997b）なのかもしれません。ただ、このような知識と実践の間に見られる不協和音の原因に関係なく、プレイワーカーは、「遊びとは何か」「遊びはどのような影響をもつものなのか」という視点で、自分自身の実践を見つめ、各自で評価できるようになることが重要なのです。そこで、プレイ・ウェールズがつくったプレイワークの基準では、プレイワーカーがその情報源を知ることができるように、比較参照のための参考文献をつけました。

　この本に含まれる〈基礎編〉、〈中級編〉と、それにつづく〈上級編〉は、精

度が増していくプレイワークの地図としては最も詳しいものといってよいと思います。プレイワークの主な特徴と、子どもが遊ぶことの全体像をとらえたこの地図は、プレイワーカーを導く助けとなるでしょう。

　この評価の仕組みでは、スタロック (Sturrock 1999) が〈方位磁石の示す北〉と呼ぶ「めざすべき基準」を示すことで、プレイワーカーがさまざまな場の中で提供している（環境的要素と関わり方の要素が合わさった）体験を評価できるようにしています。また、私たちは、さらなる情報も加え、真摯なディベートを繰り返して、このような評価の仕組みが普遍的な基準に進化していくことを期待しています。

　この評価の仕組みは、まず初めに運営者や行政の検査官が使うことを意図したものではなく、プレイワーカーが、プレイワーカーのために開発したものです。そして、プレイワークの根本的なあり方に妥協することなく、今ある実践と活動にできる限り対応するものとなるように、いくつもの設定でテストを重ねてきました。ここでのプレイワーカーの実践の目的は、親や保護者、保育者の社会的、職業的な要望を満たすことではなく、子どもの遊びの欲求を満たすことを中心にしています。

　この評価の仕組みづくりには、ふたつの主な目的があります。ひとつは、プレイワーカーの運営する場で、子どもが可能なかぎり最善の遊び環境にアクセスできるようにすることです。そして、ふたつ目は、この評価の仕組みを利用することで、プレイワーカーがそうした環境を提供できるようになることです。

ボブ・ヒューズ、プロセス・コーディネーター
2000 年秋

第1章
イントロダクション

◆ プレイワークの評価

▶▶ プレイワークの評価とは？

〈プレイワークの評価〉は、さまざまな遊びの場で、子どもが遊ぶ体験の質を向上させ、豊かな子どもの体験を保障するためのプロセスです。この評価は、さまざまな場で活動するプレイワーカーの、今も進化しつづける知識と経験を土台にしてつくられています。また、この評価は、子どもが自由に遊び、成長するためにふさわしい環境づくりを目的として、プレイワーカーの知識と専門性を深めるプロセスとなることをねらっています。

▶▶ 評価の目的

この評価の目的は、すべての事業や活動について、一定の基準の元に遊びの場が機能していることを、保護者、一般市民、資金提供者、法的機関、監督機関に対して示すことにあります。それと同時に、こうした事業や活動において、遊びの繊細なプロセスに対する子どもの誠実さと感性を大切にし、子どもが遊ぶことの大切さを発信できるようにします。また、現時点で把握されている「遊ぶ」ことの重要性とそのメカニズムの理解が、事業や活動に反映されるようになることをめざしています。そして、今までは度々軽視されてきた「評価」という考え方自体が、とても大切なものであることを示します。

◆ なぜ、プレイワークの評価が必要なのか？

　この評価の仕組みがつくられた背景には、現在実施されている「遊び」や「プレイワーク」に関する研修の多くが、「子どもと遊び」への視点を失ってしまっているということがあります。その一方で、研修は、大人の都合を扱う法的機関や監督官庁の要求を満たすプロセスとして位置づいています。社会では、〈子どもの欲求〉が最重要とされているにもかかわらず、子どもが遊ぶということは、子どもの成長のために、他のことよりも重要とならないばかりか、同等のものとしてさえも扱われていません。ここでは、そのようなアンバランスが改善されることをねらっています。

　この評価では、建物内に設置されている消火器の数や流し台のきれいさよりも、「子ども」と「遊ぶことへの欲求」を第一に考えています。法律や規制が重要であることは確かですが、こうした事柄を扱う情報や研修は、すでに多くあります。一方で、子どもが遊ぶということや、適切な大人の関わり方などを全面的に扱っているものは、ほとんどありません。

　この評価は、現在利用できる他の評価システムや研修、教育の機会を補完するもので、重複したものではありません。

第 1 章　イントロダクション

▶▶ 外的要因

　現在、子どもが遊ぶ場として、大人が配置されている多様な活動には、法律や規制、規準が数多くあります。ここでは、豊かな子どもの遊び体験の保障が、法律や規制、規準を厳格に解釈することによって妥協されることがないように、〈遊び〉と〈プレイワーク〉の常識的なアプローチを示しつつ、論理的な議論を提示することをめざします。

▶▶ 評価システム

　多くの評価システムでは、単純に情報を記録し、定期的に評価を行います。しかしながら、子どもの遊びについての評価をつくるためには、時間をかけて効果が蓄積していくと予想される次のような要素について、いくつもの段階を用意することが必要と考えました。

・プレイワーカーの知識と実践の向上
・子どもが遊ぶ体験を豊かにすること
・子どもに害を与えない実践を保障すること
・保護者やその他の人が、質の高い事業や活動の目的と意義を理解できるようにすること
・理解度や実践レベルの高さを示すことで、事業や活動の資金が確保されるようにすること
・保育所認証や検査に影響を及ぼすこと
・プレイワーカーの専門性を高めること
・向上と発展のプロセスをつねに提供すること
・プレイワーク教育と研修内容を向上させ、新しいものに更新していくこと
・豊かな遊びのプロセスを生み出すための努力の大切さを示すこと
・向上が見られる場に資金提供が行われるように、時間の経過とともに効果が蓄積されるようにすること

◆ **評価のねらい**

　この評価は、プレイワーカーおよび事業や活動の提供者が、実践と、その実践を含む活動自体の可能性を探り、振り返り、向上できるようにつくられています。

　その主な目的は、子どもの遊び体験とそのための機会を豊かにすることです。

　この評価は、配置されている大人が給与を受けて働いている人もしくはボランティアであるかどうか、また、常設の場や不定期開催の場、登録制の保育の場、出入り自由な場であるかどうかを問わず、子どもが遊ぶことが考えられるどのような場にも役立つようにつくられています。

　そして、この評価は、豊かな遊び環境とは何か、質の高いプレイワークとは何かについてプレイワーカーが理解し、確認するためのガイドとなります。また、この評価では、次のようにプレイワークの独特なあり方を示すことで、プレイワーカーが自分の仕事への視点を見直すことができます。

・プレイワーカーと子どもとの関係について
・子どもが遊ぶ物理的または心理的環境と子どもとの相互関係について

　この評価では、プレイワーカーが自分の仕事を整理できるような体系を示

しています。また、この評価は、継続的な実践の向上をとおして、現場で日常的に利用されるようにつくられています。

この評価には、新しく、複雑な考え方がいくつも含まれていますが、これらは、現在も現場で活動しているプレイワーカーの観察に基づいてつくられたものです。こうした複雑な考え方を理解し、日々のプレイワークの実践で観察や計画、記録、振り返りを重ねることによって、プレイワークに関わるすべての人が実践の水準を高め、子どもにとって必要な遊び体験の場をつくり出していくことができるようになります。

この〈プレイワークの評価〉は、時間をかけて進化させていくことができるようにつくられています。その全体システムには、以下の3つの要素があります。

・プレイワーカー個人の「自己評価」
・同僚が互いの評価をする「ピア評価」
・実力のある実践者で構成される独立組織が実践や事業、活動を評価する「外部評価」

ここでは、「自己評価」についての話を進めていくことにします。

◆ この評価は、次の人たちに向けてつくられています

プレイワーカー：この評価は、自分たちのプレイワークの実践をとおして、みなさんが得意分野を確認し、何が必要な情報や研修なのかを理解して、将来の計画をつくり上げていくのに役立ちます。

▶▶ 他に、どのような人に有効ですか？

運営者：この評価は、遊びとプレイワークの重要性と価値を強調したものです。そして、最大限の対費用効果を生み出すための評価ツールとなります。

保護者：この評価は、おもに、子どもに向けたプレイワークの水準を高めるためにつくられています。保護者は、子どもの生涯にわたる発達に影響する豊かな遊びの大切さを意識し、理解を深めることができます。

保育所認証機関・検査官：この評価は、保育所認証機関や検査官が、遊びとプレイワークについての理解を深め、共通にもつべき基準をつくるうえで役立つようにつくられています。また、この評価のプロセスで集められる情報は、その他の評価や検査にも利用できるでしょう。

資金提供者：資金提供者は、この評価をとおして、プレイワーカーや運営者のニーズを理解し、質の高い事業や活動とは何かを理解することができるようになります。そして、この評価は、プレイワークに関する事業や活動には、継続的に発展するための支援が重要となることを示します。

研修・教育担当者：この評価で使われている基準や定義、記述は、新人やベテランなどの経験を問わず、プレイワーカーが将来受けるべき研修や教育

内容に影響を与えるものとなるでしょう。そして、最終的には、この評価が、すべてのプレイワーカーの社会的位置づけと専門意識を高めるものになることをめざしています。

第2章
危　険

◆ 子どもの行動に見られる危険について

　次に、子どもが特定の種類の危険にふれ、判断し、対応する力を身につけることの必要性について見ていきます。これは、人間が発達し、生きるために必要な自信や能力を身につけるプロセス全般の中でも、必要不可欠な部分として考えられるものです。

▶▶ なぜ、危険は重要で、遊びに必要不可欠なのか

　子どもは、遊ぶ中でさまざまな体験や活動、動きを求めながら、自分自身の限界を発見し、可能性を実感します。その子どもの人生がどのようなものになっていくかは、どのような機会があるかによって大きく左右されます。刺激のある遊びの体験が少ないということは、子どもが自己肯定感をもち、幸せかつ機知に富んだ人として育っていくことに対して、価値がおかれていないことの証でもあります。

　危険にふれ、それにともなう判断をし、対応するということは、この本の評価でも扱っている、いくつもの遊びのプロセスのメカニズムとつながっています。その中には、「結合的柔軟性」「調整力」「深層遊び」「探求遊び」「熟練遊び」といったものが含まれます。

大人が配置された遊び環境において、子どもが遊ぶことから恩恵を受けるには、こうした、各々のメカニズムを働かせるようにすることがきわめて重要になります。

　程度の差はあるものの、子どもが遊ぶ時には、どのような場面であっても、物理的または心理的なリスクの要素があるものです。子どもは、生まれたときから、内から湧き起こる探求心と好奇心をもっています。そして、未知のものを探求し、実験を試み、いくつもの物理的条件に対して自分自身を試しながら、社会や環境の中で自分の位置を築こうとします。

　遊ぶことは、このような発達を高める、最も自然なプロセスです。総合的な学びの体験を子どもに保障したいと考えるならば、多種多様な機会を用意することが必要不可欠です。コントロールされた環境の中で少しずつ危険にふれる状況があれば、子どもは、危険が含まれる他の活動でも、何が危険かを把握し、判断し、対応する力を発達させることができます。私たちがここで議論しているプロセスは、人間の生きる本能に関係しているものです。こうした考え方は、「身体的能力および知的能力が身につくことで自信が育ち、その結果、広く世界にある困難に直面した時に対処できる力が育つ」ということを前提としたものです。

危険に対応できる力を身につけようとするのであれば、子ども自身にとっても、保護者にとっても、大人がいる遊び環境のほうが、日常生活の他の場よりも好ましいと考えるでしょう。それに加えて、遊びをとおして育つ危険への対処能力は、保護者にしてみれば、子どもが道路や他の環境で遊ぶ時にも、有効と考えられるでしょう。

　さらに、段階的な危険があることは、遊びのプロセスが進化していくうえで、創造性の観点からも重要な意味をもつと考えられています。そのため、プレイワークの中で、子どもが危険に対処する力を育てるには、活動の実践やプレイワーカーの姿勢、厳格な安全管理体制を根本的に見直す必要があると私たちは考えます。つまり、厳格な安全管理体制ばかりを要求することは、遊びの本質や理念を否定することにもつながるからです。

▶▶ 刺激　対　安全

　子どもの安全に対する社会の関心は、今まで以上に高くなっています。時として、このことが事業や活動の運営者を圧迫し、子ども自身をも押しつぶしてしまうような、一連の規制や条件の導入を急がせていることにもつながっています。

　こうした規制や条件を導入した直接の影響として、遊びの幅やパターンは制限されたものになり、総合的な遊びの体験よりも、安全対策を学ぶことに重点がおかれるようになっています。そのため、子どもが自分の遊びの知識を最大限に表現する場は、より少なくなっています。結果として、子どもが危険に向き合い、危険に対処する能力を育てていく機会は、明らかに制限されることになります。

　私たちの見解として、より厳しくコントロールされた遊び環境では、子どもは、後の人生で出会う危険な状況に対応できなくなってしまうと考えてい

ます。そのことによって、子どもは自信を失い、危険な場面に対応するときに必要な力を奪われてしまうため、事故やけがの可能性が確実に増えていくと考えられます。

▶▶ 失われる知識

また、私たちは、危険を体験したり、対処したりする機会を奪われている子どもも、あっという間に親になってしまうということを認識しなければなりません。本当に危機なのは、生きる力を身につけ、成長していくために必要な危険管理能力が、次の世代に失われてしまうことです。つまり、未来の親には、次の世代に伝えていく技術や知識が育たないかもしれないということです。

親がそうであるように、プレイワーカーにも同じことがいえます。プレイワーカーの精神が根本的に変化し、遊びの中での危険の必要性が認められるようにならなければ、将来的にプレイワーカーもまた、適切な危険管理の経験や方針、技術などを伝えていくことができなくなるでしょう。

▶▶ プレイワーク ──「受けとめる」専門分野として

子どもの遊びに関わる仕事をする人にとって、大げさなメディア報道や不安をあおる動きへの過剰反応に見られる、まちがった社会の関心をとやかく責めることは簡単なことです。けれども、多くの保護者や、職業として関わる人たち、そして、子ども自身にとって、このことは、大きな問題として残ったままなのです。そして、私たちは、子どもの遊びに関わる者として、この問題解決について、いまだに社会へうまく提起することさえできていないのです。

一方で、私たちは、子どもの遊びに関わる多くの人たちがここで提起されている問題に対して共感をもち、「自分たちの実践はまだ十分ではない」と

いう振り返りができることを願っています。遊びの中でふさわしい危険を奨励していくことは、遊びの分野に関わるすべての人の責任です。そして、子どもが遊ぶことの中には、「危険は、人間の成長プロセスの根本的なもの」という考え方が含まれていることが、保護者や他分野の専門職の人たちからも、時間をかけて認められていくようにしなければなりません。

　具体的にいえば、プレイワーカー、事業や活動の運営者、行政、保険会社が、「子どもが遊ぶ時には、事故は起きるということ、そして、時としてけがをすることがある」という現実を受け止めるということです。

▶▶ **知識と危険**
　「プレイワーカーには、安全を確保する責任がない」ということではありません。子どものけがにつながるような、未然に防ぐことができる事故を避けるために、危険を見極め、行動を起こすことはもちろん大切です。けれども、ここで心配なのは、考えられる危険をすべて取り除こうとすることばかりに関心が集まってしまうということです。こうした動きは、子どもの遊びの中では現実的でないばかりか、子どもの力を奪ってしまう可能性もあると、私たちは感じています。

明らかに、幼い子どもは、大人と同じように危険を察知することはできません。けれども、大人がそばにいる状況で相応の危険にふれることが許されなければ、子どもは危険を予測し、把握する力が育つ機会を奪われてしまうことになります。

　どの子どもにとっても、空間や対象物、環境の特性や特徴、素材、そして自分以外の人に対して、自分の体をうまく使えるようになることは大切なことです。そして、子ども時代に感情面や知性の面でリスクを背負い、『失敗はしてもよい』ということや、『その失敗がとんでもない大惨事や立場をなくすようなものではない』ということを子どもが学び、理解できることが大切です。

　子どもは、危険に挑戦するプロセスを進歩させていきながら、のちに必要となる、実践的な生きる力を育てていきます。そのためには、プレイワーカーが、それぞれの子どもの行動や特性に合わせて、どのようにすれば目的に沿った段階や方法を用意できるのかを判断しなければなりません。

　私たちは、そのような目的に沿った安全へのアプローチをすすめています。私たちの出発点は、子どもが遊ぶことを何よりも中心におくことです。そこでの安全の確保には、厳格で教義的な仕組みをもち込むのではなく、その場で危険を評価し、付加的に、状況に応じた対処をするというかたちを取ります。このような新しいアプローチを進めるには、次のようなプ

第 2 章 危　険

レイワーカーの知識と経験を土台にすることが必要です。

・特定の場面で見られる子どもの行動について
・遊び環境とその環境が機能しているコミュニティについて
・異なる成長発達段階にある子どもの行動について
・遊具、環境、さまざまなタイプの活動に関連した事故歴や事故の経験について
・危険に直面したときの子どもの能力を理解するプレイワーカーの力量について

　プレイワーカーは、遊び環境の一般的な安全を確保する責任をもつ一方で、子どもが自分の興味や関心を探り、コントロールできるようにすることが必要です。つまり、子どもが、幅広い体験をとおして、自分自身でやり方を決められるようにするということです。そうした体験をとおして、子どもは、自分の中に危険を取り入れ、危険に適応しながら、危険に対処する力を測り、試していきます。そこでのプレイワーカーの役割は、子どものこうしたプロセスを支え、導くことにあります。

　プレイワーカーが危険に対処するときには、子ども自身にも危険対処能力があることを意識の中心におくことが必要です。子どもは、いろいろなことをして遊びながら、そうした能力への意識を少しずつ育てていくものなのです。

　プレイワーカーは、子どもが危険の要素がある活動をするとき、そのつど、目の前の状況に応じて判断します。

　危険管理には、たとえば、「9歳なら大丈夫だけれども、7歳では無理」という一般的な基準はありません。つまり、「その特定の9歳の子どもであれば、その時点では許容できる」ということです。また、同じ子どもが同じ

ことをするときでも、他の場面では難しくなることも考えられます。

　その一方で、子どもが危険にふれられるようにするときには、明らかに重大な危険はすべて取り除くという常識的な手順を前提とします。

　危険管理の問題はつねに大切ですが、子どもが「深層遊び」（ヒューズ Hughes 1996a）に興じているときには、さらに大切となります。とくにこのタイプの遊びは、子どもの成長には必要不可欠なものです。「深層遊び」というのは、子どもが自分の能力の幅を探り、生きる力を育て、恐怖を体験しながら、乗り越えることを可能にする遊びのことです。子どもがこの「深層遊び」に興じているのを目にしたとき、大人は、それが命の危険にもつながりかねない、極度の危険と感じることがあるかもしれません。

　けれども、私たちの経験では、このように遊んでいる子どもは、危険への段階的な挑戦のプロセスを踏み、相応の危険への対処を経験しています。そして、子どもは、遊ぶ中で自信と能力を身につけ、自分たちの危険管理能力への理解をもち合わせていくものだと考えます。

第3章
プロセス

◆ すぐれたプレイワークの実践に向けた自己評価

　プレイワークの分野では、いまだに、実践に特化した基準が位置づけられていません。(その点は望ましいことですが、) 今使われているほとんどの概念や考え方は、現在も成熟の過程にあります。けれども、もし、プレイワーカーが関わることで特有の体験を得られるなどして、子どもが存分に利用できるような遊び環境があれば、素材や自然の要素との自由なふれ合いをとおして、遊びは豊かになっていきます。

　豊かな遊び体験は、遊ぶことを奪われたときに見られるような影響を抑制し、脳神経の発達を助け、神経伝達活動を高めるなどして、子どもの体と心のやすらぎに不可欠な力を育てることが、科学的根拠としても得られるようになりました。

　私たちの役割は、〈プレイワーカーとして、私たちは何を実践するのか〉〈プレイワーカーとして、どのように実践するのか〉について判断しながら、〈その実践によって、子どもが遊べるようになっているか〉を問い続け、豊かな遊び体験を確実にすることです。

　〈何を実践するのか〉では、「環境構成」と呼ばれるプロセスをとおして、

子どもが遊ぶためには、どのような素材や自然の要素を提供するのが必要なのかを考えます。これは、子どものニーズに合わせて、その場の物理的特性や心理的特性をつくりあげていくということです。

　〈どのように実践するのか〉では、「適切な関わり方」を見ていくことで、遊び特有の行動が生まれるようにする実践を考えます。私たちが取り入れる「素材や自然の要素」「適切な関わり方」「遊びの行動様式」によって遊びが生み出されているとすれば、それは〈遊びの行動指標〉と〈気持ちの表現指標〉で確認することができます。

　ここでは、「遊び」という言葉は、「子どもなりの方法と理由に基づいた世界への関わり方」を表現するために使います。私たちが、子どもが遊ぶためにふさわしい素材や自然の要素、関わり方、行動のあり方を探るには、幅広い環境構成を考えなければなりません。

　プレイワーカーが実践を行う遊びの場は、大きく異なります。つまり、すべての場が、物理的に考えても、後述のリストや〈用語と考え方〉にあるような、子どもが遊ぶための環境構成をもっているわけではありません。

けれども、さまざまな遊びの場で働くプレイワーカーから得た事前評価では、「私たちの現場でも、子どもはいろいろな素材や自然の要素で遊べるものだということを、自由な気持ちで考えることができた」という声がありました。それぞれのプロセスでは、プレイワーカーが自分たちの提供しているものを多様に考えることができるように、その具体例を記入する欄をつくっています。たとえば、あるプレイワーカーは、火を使って遊ぶ例として、キャンドルづくりをあげています。

また、〈用語と考え方〉で示された解説や具体例が、不明確または不適切と感じる個所がありましたら、今後の参考のため、プレイ・ウェールズまたは日本語版連絡先までお知らせください。

◆ 自己評価のための準備

この自己評価は、基礎編、中級編、上級編という3つのパートに分かれています。それぞれのパートは、連続して実施するようにつくられていますが、それぞれのパートを実施するときには、いくつかの注意事項があります。

1. まず初めに、それぞれのパートに、順を追って慣れるようにしてください。そして、使われている用語について考え、付記している「定義と解説」をよく読んでください。この部分には、じっくりと時間をかけてください。
2. 次に、時間をとって（15〜30分くらいがよいでしょう）、あなたが関わっている子どもを観察したり、実際に遊んでみたり、子どもが何をしていたかを振り返ったりしながら、この自己評価のプロセスで何が聞かれているのかを整理してみてください。
3. 全体のプロセスがよく理解できるようになるまで、それぞれの自己評価のプロセスに取り組んでください。そして、質問の中で示されている基本的な考え方に照らし合わせながら、あなたの実践が公正かつ正確に評価さ

れているかどうかを見てください。
4. この評価は、遊んでいる子どもを観察している間に（または可能なかぎりすぐ後に）、自分自身で完成させることが理想です。

　基礎編を確実にこなすことができ、自分に必要な知識と実践を理解することができたら、中級編に進んでください。

　3段階目の評価は、上級編です。この手順については、後日、組み込まれる予定です。

▶▶ **注意：**
　プレイワーカーの中には、屋内空間の中だけで、資源も乏しく、非常勤体制で働いている人たちもいることでしょう。そうした人たちの中には、この評価の仕組みは、冒険遊び場やそこで働く常勤職員のためのもので、自分たちには関係ないと感じる人がいるかもしれません。けれども、私たちのねらいは、そこにはありません。このプロセスは、実践の質を総合的に評価するものとして、子どもの成長に必要とされている遊び体験を、現時点で把握されている全体像に反映させようとしたものです。そのため、この評価の仕組みは、子どもが遊ぶすべての場面と、そこに関わるすべての人を対象とします。

　遊びの場面の中には、「屋外で」「制約がなく」ときには「危険を含んだ」体験もあります。それは、子どもが日常的に遊んでいる一般的な姿でもあります。けれども、大人のいる遊び場が成功するかどうかは、環境や体験の質だけが関係しているわけではありません。たとえ世界のあらゆる資源がそろっていたとしても、子どもとプレイワーカーとの関係が貧しければ、すべてが台無しになってしまいます。そうした理由から、必要不可欠な体験の幅（例として、外遊びや火を使った遊び、危険のある遊びを含む）の最低ラインが確立された時点で最も考えなければならないのは、プレイワーカーの子ども

との関わり方と、その関わり方や介入の根拠となる知識や価値観についてです。

　低いグレードがついてしまうプレイワーカーがいることは、避けられません。これは、そのプレイワーカーの活動の場や実践が、許容範囲の最低ラインより下にあることが考えられるからです。その場合、プレイワーカーがそのことを知るのは大切なことです。つまり、それは、遊びにくる子どものためにも、プレイワーカー自身の専門職としての満足を満たすためにも、状況を変えていく機会となるからです。

　プレイワーカーの中には、「自分たちは何ができるか」「何を向上させる必要があるか」に気づいていながらも、担当者や資金提供者に対して、研修の必要性や場を向上させるための根拠を示せずにいた人もいるでしょう。そこで、この自己評価では、「何が期待されているのか」「何が不足しているのか」という点について、実践可能なガイドを提供します。そして、優れている点と平凡である点を特定し、振り返りを可能にすることで、実践の向上につながるようにしています。

　ここで示されている豊かな遊び体験は、ウェールズに住むすべての子どもの健康的な成長に不可欠であるというだけではありません。これは、すべての子どもの権利です。ここで示した基準を現時点で満たしていない遊びの場には、資金面や研修、場所の問題、スタッフの配置など、さまざまな問題があると思います。けれども、私たちは、こうしたことについて、努力と熱意をもって問題を提起していかなければなりません。それは、このような問題が、

子どもの総合的な発達の能力と可能性に大きな影響を与えると考えられるからです。

◆ グレード

　この評価では、プレイワーカーが、自分の知識や理解度、力量を評価することによって、自分たちの実践のグレードをつけられるようにしました。このことは、「評価には、どのような基準が必要か」ということだけでなく、「どのような点で基準を決めることができるのか」という全体像をつくるための重要な出発点となりました。

　グレードをつけるためのプロセスは、簡潔で理解しやすいものにしました。つまり、「どのような環境をつくり出しているか」「どのように子どもと関わっているか」「どれだけ深く子どもの行動を理解しているか」について、あなたの実践に関する質問に答えるだけで、1〜4の点数をつけることができるようにしています。そして、評価の最後に点数を合計することで、あなたの現在の実践を評価したグレードが決まります。

　基礎編では、評価の各レベルに入る合計点は25点ずつ、4つのグループに分けられ、それぞれのグレードとなります。次に、点数が表すグレードとその意味を以下に示します。

グレード1（76〜100）　あなたの理解と実践には、注意をする点はほとんどありません。
グレード2（51〜75）　あなたの理解と実践には、いくつかの分野で注意事項があります。
グレード3（26〜50）　あなたの理解と実践には、いくつかの分野で深刻な注意事項があります。

第３章　プロセス

グレード４(0〜25)　あなたの理解と実践には、すべての分野で重大な注意事項があります。

　中級編では、考慮する要素が増えるため、点数はこの数字よりも大きくなりますが、グレードづけの原則は、基礎編と同じです。

　プレイワーカーは、さまざまな場で、時にはとても難しい条件で活動しなければなりません。この評価では、そうしたことも認められるようにしたいと考えています。そのため、基礎編と中級編では、最初の評価が完了した時点で、「質を阻害している要素」という項目に移ります。ここでの手順は、それまでのものとは少し異なったものになります。この部分では、あなたの実践にマイナスの影響がある要因について質問します。たとえば、「活動場所の地域性が、あなたの仕事を難しくしていますか？」「地域での人種差別がプレイワークの実践を難しくしていますか？」といったものです。リストにあげた要因が実践に深刻な影響を及ぼしていると判断した場合は、その項目にチェックをつけ、チェック項目ひとつにつき、0.5点を追加してください。

　グレードの修正には、最初の点数に「質を阻害している要素」での点数を加えます。それにしたがってグレードを変更してください。

　この評価では、次のことを可能にしたいと考えています。

・自分自身やチームの活動と実践を振り返るための基礎をつくる
・「遊び」と「プレイワーク」を理解するうえで、研修と支援がさらに必要となる分野を特定する
・実践をするうえで、とくに「適切な関わり方」「感情移入」「大人化」などの点で、研修と支援が必要となる分野を特定する

　基礎編では、実践を評価するために、「まったくない」「ときどきある」「よくある」「いつもある」ということを尋ねます。これらのうち、中級編では、「まったくない」は「あまり見られない」に置き換えられています。この違いは、実践と意識が向上していることを期待したものです。また、基礎編では、実践の向上を考えないものとして、いくつかの特性を省略していますが、中級編、上級編では、そのような省略はありません。

◆ このプロセスがプレイワーカーに与える影響について

▶ 結果

　この評価では、とくに2つの視点をプレイワーカーに提供することを考えました。まずはっきりしているのは、この仕組みを使って実践を自己評価し、正確かつ忠実に自分の実践が反映されているグレードに、時間をかけてたどりつくようにすることです。そして、もうひとつは、「プレイワークとは何か」「すぐれたプレイワークの実践とは何か」ということについて、はっきりと理解できるようになることです。そうすることで、プレイワーカーは、自分たちに必要な専門研修のあり方をより深く理解できるようになるでしょう。

　その一方で、私たちは、その他の効果も期待しています。それは、プレイワークの実践というよりも、プレイワーカー自身に関することです。

　長い間、プレイワーカーは、「プレイワークの視点から見た自分自身の立

場」や「プレイワークにたずさわることで起こる自分自身への影響」について、参考にできるものがほとんどないまま、難しく、要求度の高い仕事を期待され、自らもその仕事をこなすことを求め続けてきました。

　たとえば、プレイワーカーが「転移」の影響を受けることは、今までどこにも書かれたことはありませんでした。これは、プレイワーカーが、時には何年にもわたって、何百、おそらく何千という深く傷ついた子どもたちと接することから生まれる影響のことです。

　また、今までのプレイワークでは、プレイワーカー自身の子ども時代の遊び体験について、とくに関心を示すことはありませんでしたが、これは大きな意味をもっています。つまり、プレイワーカーの遊び体験が制約され、押さえつけられたものである場合、そのプレイワーカーがつくる遊びの場は、そうした経験を反映しているか、補うようなものになっていたとしても、驚くことではありません。

このように、ここでは、プレイワーカーが接する子どもの体験の豊かさを求めるだけでなく、実践を向上させる別ルートとして、プレイワーカーが自らの体験を振り返り、話すことができるように考えています。

プレイワーカーが、自分自身の働く環境や子どもへの関わり方をこの評価プロセスに当てはめることで、私たちは次のような効果や影響があると想定しています。

1. 今までは手に入らなかったプレイワークの考え方と実践について、プレイワーカー同士のコミュニケーションが可能になります。そして、プレイワーカーは、この評価の仕組みで使われている言語を自分のものとして使うことができるようになります。

2. プレイワーカーの中には、反感を感じる人もいるでしょう。その原因として、いらだちを感じたり、「くだらない」と感じたり、自分が子ども時代に遊んだ体験の乏しさを実感したりするということがあるでしょう。けれども、このような場合には、プレイワーカー自身がその理由を探し求めることが大切です。

3. また、プレイワーカーは、自分自身が子どもの遊びを大人化してしまう可能性について、意識をもつようになります。

4. プレイワーカーは、初めに、「恐れ」を経験することもあるでしょう。それは、「自分の実践が間違っているのではないか」「自分には、プレイワーカーとしての実力がないのではないか」といったことです。まず初めにこうした気持ちを感じたときには、同様に、その理由を探し求めることが大切です。このことは、自分自身が親でもあるプレイワーカーにとっては、とくに課題となるでしょう。

第3章　プロセス

5. そして、プレイワーカーは、ケント・パーマー（Kent Palmer）が「豊かな喜び」と呼ぶ、〈心から楽しいと感じられる場にいるときに生まれる感情〉を経験することにもなるでしょう。

▶▶ 言語

言語の発展は、重要です。建築家や医者が自分たちの仕事について、お互いの考えを話すことができない光景を想像してみてください。また、自分たちの言語をもたない技術者や数学者を想像してみてください。特定の専門分野に当てはまる概念を表す言語は、理解可能であるかぎり、それは人々を締め出すためではなく、学識や実践が優れていることを表現しようとする人たちをつなぐためにあるものです。

プレイワークに特有の概念や考え方を伝え合うためには、プレイワークの言語も例外ではありません。けれども、この言語の大きな目的は（現在の私たちにはかすかな理解しかありませんが）、このプレイワークを「複雑な生物学的メカニズムを促進させる手段」と見る人々に可能性を与えることでもあるため、自然と、他の技術的な言語と同じような性格を含んでしまうのです。

たとえば、〈結合的柔軟性〉とは何を意味しているのでしょうか？　これは、当初、ブルーナ（Bruner 1972）とシルヴァ（Sylva 1977）によって生み出された言葉ですが、科学的にはあいまいな説明しか与えられていません。子どもは、毎日の遊びの中で、場に関わり、探求し、目を見張る変化を加えていきます。そうしたことを日々、観察し、受け止めているプレイワーカーにとって、「人間の子どもの脳は、目の前に現れる新しい問題を解決するために、いくつもの経験の引き出しを高速で計算し、置換していくようにつくられ、そのために十分な能力をもち合わせている」という考え方は、そのメカニズムの理解は難しいとしても、それ自体は驚くべき新事実ではありません。

つまり、新しい専門用語に惑わされなければ、こうした言葉の難しさは自分の知性や実践の問題ではなく、専門性を満たすためにあるということがすぐにわかるはずです。そして、この言語は「私たちは、プレイワーカーとして、本当に最善を尽くしているだろうか？」ということを問いかけます。そのときの私たちには、必ず振り返りが求められることになります。たとえそうだとしても、私たちは、もう、大人の都合や訴訟を恐れてつくられた法律や政策だけに振り回される必要はなくなるのです。

▶▶ 反感
いらだちから生まれる反感
　プレイワーカーの中には、反感をおぼえる人もいるでしょう。けれども、それがこの評価のプロセスからくるものであれば、なぜそのような反感が起きているのかを探ることが重要になります。例として、この基礎編では、いくつもの難しい問題を提起しています。

　たとえば、プレイワークの活動が、特有の環境で実践されている場合です。ここでは、「豊かで」「多様性に富み」「危険の要素を含み」「不足している環境を補うことができる」ような遊びについて示しています。けれども、反感

の原因は、そのように示されている課題が不可能に思えるからかもしれません。プレイワークの実践は難しいものです。そして、資源に乏しく、時には危険な仕事でもあります。また、多くの場合、プレイワーカーは、制約が多く、荒れた土地で、子どもが遊ぶ現実から見れば、完全に不向きな場所での実践を求められることもよくあります。反感は、あなたができると感じていることと、あなたが求められていることとの不一致が原因になっているのかもしれません。それが現実ならば、このプロセスを修正していくことが必要になるでしょう。その一方で、このような反感は、あなた自身が変化することを拒んでいることの表れかもしれません。そのときには、あなた自身がそのことに向き合う必要があります。

くだらないと思えることからくる反感
　一方で、反感の原因は、示された課題が不可能だということではなく、「くだらない」と感じることからきているのかもしれません。それは、「子どもが火を使って遊べるようになるなんて、おかしくないだろうか？」「子どもが工具を使って遊ぶなんて、できるわけがないでしょ？」といったようなことです。もし、こうした反感をもったときには、その理由を自分自身に問いかけてみてください。子どもがふだんから火や工具を使えるようにしたり、そうした機会を用意したりするということは、それほど不条理なことでしょうか？　もちろん、こうした遊びには、安全の問題がつきまといます。けれども、禁止をしてしまうことで、火や工具を扱う力を身につけられなくなるという問題も同時についてまわります。子どもには、現実の世界との関わりが不可欠です。そして、「遊ぶということは、そのための自然に備わった手段である」という考え方は、プレイワーカーが暗に信じていることのひとつでもあります。つまり、プレイワーカーにとっての課題は、条件が整うのであれば、禁止する理由を考えることではなく、どうすれば、こうした体験のない子どもに対して、最低限の危険性にとどめた実践が可能になるのかを考えることにあります。

感情移入から生まれる反感

　反感は、かなり深刻な問題に根づいている場合もあります。どのような状況であれ、子どもに関わるということは、親に尋ねてみればわかるように、エネルギーを使うものです。ときには、苦しんでいたり、傷ついていたりする子どもとも長期間にわたる関わりをもつということは、子どもを管理することを中心に考えず、子どもを最優先に考える場を大切にするという性格上、プレイワーカーの精神衛生面で、深刻な影響を与えることがあります。

　職業上の事情から、特定の子どもとその家族ついて詳しいことを知っている場合、プレイワーカーは「感情移入」と呼ばれる状態に極度に陥りやすくなります。これは、心理療法の専門用語である「転移」と同じような性格のもので、おそらく、プレイワークがつくりだす独特の「つながり」によるものです。こうした「感情移入」は、実際に自分自身では過去にそれほどのつらさや否定を経験したことがないにもかかわらず、想像できる子どもの痛みや苦しみをプレイワーカーが感じ、そこに無意識のうちに引き込まれてしまったときに起きるものです。このような場合、プレイワーカーは、少なくとも罪悪感にとらわれやすくなったり、その経験が長期にわたる場合には、トラウマが残ったり、攻撃的になったりすることが考えられます。

　当然ながら、このような感情移入にとらわれている場合、またはとらわれた経験がある場合、そして、そのことによって傷ついている場合には、この自己評価表に取り組むのは中断したほうがよいでしょう。こうしたことは、十分な考慮のうえで検討される必要がある課題です。そして、将来的にも、緊急に最優先される課題でもあります。みなさんにとっても、これは同僚や仲間の人たちと話したいと考える話題だと思います。

専門的に分析していくことから生まれる反感

　この反感は、高度に個人的で、私的に感じられるものを、専門的に細かく

分析していくことの面倒さにつながっていると考えられます。これは、「〈私の遊び観〉を理解できるわけがない」「楽しさや安全だけを強調すればよいのに、なぜ、そこまで深く遊びのことを知る必要があるの？」といった反感です。けれども、程度の差はありますが、これがまさに、プレイワーク一般において、そして、とくにこの評価プロセスをとおして、私たちが試みようとしていることです。つまり、知識を広げ、より深い振り返りを行うことが、実践の向上につながっていくということです。

個人的な経験が乏しかったことから生まれる反感

　プレイワーカーの中には、他の人と同じように、遊んだ経験に乏しかった人もいると思います。たとえば、そうした人たちにとっては、遊ぶということは狭く、制約された体験だったということが考えられます。その結果として、そうした体験をもつ人は、この自己評価を進めていくうちに、自分自身の子ども時代の体験を重ね合わせ、ねたみや嫉妬を感じることがあるかもしれません。また、中には、子ども時代にやけどや、工具でのけがをした子どもを見たことがある人もいるでしょう。その結果として、この自己評価で推奨している火や工具を使った遊びに対して、子ども時代の体験を重ね合わせ、罪悪感や責任を覚える人がいるかもしれません。

これは、スタロックとヒューズ（Sturrock and Hughes）の会話の中では、「感情と状況の乖離」として、心理療法の「逆転移」という言葉を使って説明されています。つまり、自分の感じ方が、その状況に合っていないということです。明らかに状況にそぐわない怒りを感じている理由を真摯に振り返ることができれば、「なぜ、自分は怒っているのだろう？」という問いに対して、いくつもの答えを見つけることができるでしょう。もし、そうした自己分析ができれば、最後まで自分自身で問題に向きあい、問題を解決できるはずです。

▶▶ 大人化について

　この自己評価のプロセスでは、「プレイワーカーは、自分の関わりによって子どもの遊びをコントロールし、大人化してしまう可能性がある」という問題を提起しています。スタロック（Sturrock 1997）、そしてエルスとスタロック（Else and Sturrock 1998）は、論文の中で「大人化」についてふれ、「大人が、『教えたい』『指導したい』という気持ちや、単純に自分が優位に立ちたいという気持ちに駆られたり、プレイワーカー自身がうまく物事を運べなかったりすることで、子どもが遊ぶこと本来の目的と意義を汚すこと」としています。

　プレイワーカーの役割は、子どもが豊かに遊べるようにすることにあります。つまり、それは子どもがやろうとしていることやその意図をさえぎったり、コントロールしたり、プログラムしたり、なんらかの方法で大人が優位に立てるようにしたりすることではありません。そのため、どのような場合でも、正当な理由がないかぎり、直接遊びに関わろうとしたり、子どものすることを企画したりすることは、最低限に抑える必要があります。この自己評価のプロセスでは、プレイワーカーと子どもとの関わり方について、いくつもの質問を設定していますが、それは、「大人化」という考え方がそれだけ重要だということを示すものでもあります。

(とくに、保育に預けられている) 多くの子どもにとって、遊ぶ体験は、多くのことを吸収し、表現するための機会となります。つまり、プレイワーカーの実践には、かなりの責任がともなうことになります。ここで考慮する必要があることは、ふたつあります。ひとつは、遊ぶことと人間の成長との間には、密接な関係があるということです。もうひとつは、子ども期の中期または後期にある子どもには、大人が関わらずに遊ぶ体験が必要だということです。

　もし、経済的な理由や社会的な理由で子どもが保育に預けられる場合、プレイワークに関わる者の義務として、子どもには、最高水準かつ、できるかぎり自然にあふれた遊び体験の保障が必要です。つまり、大人は、できるかぎり関わらないようにするということです。それが難しい場合には、大人はできるかぎり、子どもの遊びに割り込んだり、影響を与えたりする存在にならないようにすることです。それ以上のことをしてしまうと、遊びは、潜在的に、「社会性を身につけさせる」といったことや「指導」といった領域に移り変わってしまいます。極端にいえば、子どもの遊びが大人化されてしま

う状態がつづくと、子どもの発達に悪影響が及ぶことにつながります。

▶▶ 恐れ

　プレイワーカーの中には、まず初めに「恐れ」を感じる人がいるかもしれません。それは、たとえば、「自分はプレイワーカーとして不適当なのではないか」「自分の実践の質は低いのではないか」ということです。それは、複雑で新しいツールや、今まで平凡と考えてきたものに質の高さが求められる評価プロセスを目の前にしたときの、自然な反応ともいえるでしょう。私たちがこの自己評価をつくろうと考えた一番の理由は、プレイワーカーが効果的な仕事をできるようにし、どのような研修を受けたらよいのかを理解できるようにすることです。初めに感じる「恐れ」は、理解できる感情です。けれども、この自己評価の目的は、遊びのプロセスとプレイワークの実践についての理解を深め、抱いた「恐れ」を専門家としての新しい自信へと変化させていくことです。

▶▶ 豊かな喜び

　以上のように、この３段階の自己評価の中で使われている考え方や言葉には、私たちの個人的な遊び体験との間に、強力で切り離すことのできない感情があることが理解できると思います。そのため、プレイワーカーの中には、そうした考え方や言葉によって、否定的な感情だけが引き出されてしまう人もいるかもしれません。

　けれども、多くの人にとって、感情というものは、肯定的なものと否定的なものがバランスを取って成り立っているものです。プレイワーカーの中には、この自己評価の過程をとおして、ケント・パーマー（Kent Palmer）が「豊かな喜び」と表現する感情を手にする人もいるでしょう。これは、心から楽しいと感じられる場にいるときに生まれる感情のことで、ミアーズ（Mears）が「一種の白昼夢」とも呼ぶものです。すでにこの自己評価を使ったことがあるプレ

イワーカーの中には、「笑みがこぼれた」「自分の仕事への見方が完全にかわった」「自分の働き方をまったく変えてしまった」という報告も出されています。

　このような、ほとんど熱狂に近い感情も、否定的な見方と同様に予測されたものでした。遊ぶということは、恐れや怒り、不快感を生み出すだけでなく、「楽しい」という言葉だけでは収まりきらない、激しく、心地よい感情を含んでいるものです。最初の段階では合理的で、神秘的、そして自然でありながら、精神的でもある〈新しい世代の取り組み〉にともなう感情を表現するには、「豊かな喜び」「気づきへの祝福」「自由奔放さへのいざない」「充実感」「楽しさ」といった言葉のほうが適しているようです。

　遊びの中では、子どもは、現実には不可能だということを経験して理解するまで、空を飛ぶことも、神になることも、透明人間になることも可能です。プレイワークの役割は、子どもが遊び心をもって、単純にさまざまな事柄を探求できるようにすることにあります。そこで、子どもは、できることとできないことが何かを学びながら、自分個人や集団での限界を押し上げていくのです。私たちは、スタロック（Sturrock 2000）が強調しているように、子どもは遊びの中で洗練されていき、大人たちは原始に回帰していくということを、プレイワーカーとしてつねに思い返すことが必要なのではないでしょうか。

第4章
基礎編

◆ 定義と解説

効果的な評価を行うために、ここで使われている考え方と用語が、みなさんの理解と同じものであるかを確認しておきましょう。解説を以下に示します。

▶▶ 考え方と用語

同じ用語でも、人によって、意味がちがうということがよくあります。ここでは、私たちがこの評価で使う用語の意味を解説します。

《素材と要素》

プレイワークのモデル：キングとヒューズ（King and Hughes）によってつくられたモデル（ヒューズ Hughes 1996b を参照）では、プレイワーカーが用意できる体験の分類を次のように提案しています。それは、「自然の要素を使う（火・水・空気・土）」「自分という存在を使う」「抽象概念を使う」「感覚を使う」です。ここで示したのは、参考例です。みなさんも、子どもと一緒になって、できるかぎり創造的になってみてください。

▶▶ 自然の要素

〜火〜

　火の体験は、料理やごみ焼きだけでなく、子どもでも可能な小さなたき火をとおして得ることができます。場所によっては、消化バケツを用意することもできるでしょう。そうすることで、バケツの数によってたき火の数を制限し、安全性を高めることができます。屋内での体験には制限がありますが、料理やろうそくづくりなども火の体験に含めることができるでしょう。

〜水〜

　水には、川の流れを変えたり、水かけ合戦をしたり、家庭用プールで水遊びをしたり、凍らせたり、船を漕いだりするなど、さまざまなふれ方があります。そのときに重要なのは、十分な見守りがあることと、必要に応じて、水の深さを最低限にすることです。

〜空気〜

　空気にふれる遊びには、たこあげや高い場所に立つこと、風車や飛行機づくり、木々や水面がさざめくのを眺めるといったものがあります。

～土～
　子どもは、陶器づくりや園芸、泥遊びなどの遊びをとおして、土にふれることができます。もし土手があるならば、子どもは間違いなく、穴やトンネルを掘ってみたいと考えるでしょう。その場合には、安全の確保が必要となります。

▶▶ 自分という存在を使う
　子どもが、自分という存在（自分は何者なのか、自分はどのように見えるのか）を使って、または、自分という考え方を丸ごと使って（たとえば、自分という存在が何を意味するのかということ）遊べるようになっていることが大切です。鏡やフェイス・ペインティング、ボディ・ペインティング、化粧、カメラ、ビデオなどはすべて、子どもが自分自身を探っていくことにつながります。その中でも人気があるのは、仮装です。そのためには、いろんなサイズのものが衣装箱に用意されているとよいでしょう。

▶▶ 抽象概念を使う
　抽象的なものが数多くあるこの世界を理解するには、子どもが抽象概念の世界を探求できるようにすることです。けれども、その抽象概念が、必ずしも目の前にある必要はありません。たとえば、私たちは、民主主義や正義について話すことができます。そうした抽象概念やその代わりとなる手段を使って遊ぶこともできるでしょう。数式や星座のマークが、遊びの中に織り込まれることもあります。遊びの中での時計やカレンダーづくりは、時間を象徴しています。子どもは、比較的小さい時から、宗教や哲学、科学のような抽象概念への意識を培っていきます。そのためにも、子どもが、自分なりの方法で抽象的なものにふれられるのは大切なことです。

▶▶ 感覚を使う
　遊びの場には、感覚の刺激があることが大切です。音楽や食べ物、香水、

色、景色、さまざまな手触りなどが、それに該当します。どんな遊びの場にも、音楽がどこかにあるとよいでしょう。そうした音楽には、単なる「童謡やわらべうた」に限らず、いろいろなジャンルが含まれるとよいでしょう。また、遊び環境には、デザインに繊細さがあり、カラフルで、見た目にわくわくする空間が大切です。プレイワーカーは、単純に原色やありきたりの素材だけを使うべきではありません。アイブル・アイベスフェルト（Eibl-Eibesfeldt 1964）は、「遊びは、子どもによる科学的調査研究である」と主張しています。私たちは、それが意味していることに取り組み、子どもがいろいろと調べたり、実験したくなるような場づくりを考える必要があります。庭や植物などは、子どもの感覚に訴えることができます。とくに、さまざまな手触りのものや色、果物にはそのような効果があります。

▶▶ さまざまな地形にふれる

子どもが遊ぶには、さまざまな環境が必要です。そのような環境には、ひっそりとした場所や高い所、きちんとしたルールのある遊びやはっきりとしたルールのない遊びができる場所、斜面、（ときには橋のある）狭い谷地なども含まれているとよいでしょう。

▶▶ さまざまな素材や物を使う

自由に形を変えることができる素材は遊びに不可欠ですが、その他の素材（料理道具や樹木、構造物やコンピュータなど）にふれられるようにすることも大切です。

▶▶ 建築する

これは、子どもによる建築をさします。建築には、そのための素材が必要です。そして、建築についての情報だけでなく、道具にふれ、建築に必要な技術を学べることが必要になります。

▶▶ 場を変化させることができる

とくに「熟練遊び」では、子どもが、遊ぶ空間を物理的に変化させられるようにすることが必要です。この遊びには、水の流れを変化させてみたり、穴を掘ったり、基地をつくったり、壁をペンキで塗ったりするなど、あらゆるものが当てはまります。

▶▶ 目新しいものがある

これは、上級編でふれる〈新奇性〉と呼ばれる特徴のことです。子どもは、今までにないような新しいもの、面白いもので遊ぶことに魅力を感じます。そこで、子どもが遊ぶ空間には、「今までにないような、新しく、面白い」と感じられるものが必要となります。

▶▶ 選択肢がある

この単純な要素は、子どもが何をして遊ぶかについて、本当の意味で選択肢があるかどうかを問うものです。これは、たったひとつのことをするかしないか（サッカーをするか、何もしないか）という類のものではありません。

▶▶ オルタナティブ ── 家庭や地域ではできない体験がある

〈オルタナティブ〉というのは、子どもが家庭や地域でのふだんの生活でふれることができない体験のことです。たとえば、それは、ステップダンスや詩作、海辺や自然豊かな場所への遠足などです。けれども、多くの子どもにとっては、外で遊ぶことや汚れること、危険を体験することさえも、このような体験の中に含まれてしまうようになっています。

▶▶ 道具・工具を使うことができる

最近では、道具について、とても過敏な反応をする大人もいます。その一方で、遊び体験の一般的な特徴として、何かをつくり出したり、建物を建てたりする手段にふれるということは、子どもにとって大切なことです。ここでは、大人の適切な見守りもなく、子どもが電動工具を使うことを推奨しようとしているわけではありません。けれども、子どもがもう少し制約のないかたちで、小刀やホチキス、はさみ、グルーガン、かなづち、のこぎり、ハンドドリルなどにふれられるようにする必要があるということです。

▶▶ 自由になる素材がある

ニコルソンの「自由になる素材に関する理論」(Theory of Loose Parts, Nicholson 1972) によれば、「自由になる素材」とは、動かしたり、運んだり、転がしたり、持ち上げたり、積み重ねたり、組み合わせたりすることによって、今までにない面白いものをつくり、経験できるようなすべてのものをさします。「自由になる素材」には、木や入れ物、いろいろなかたちをしたもの、おもちゃ、動物、植物などが含まれます。

▶▶ 危険にふれることができる

子どもは、何が危険なのかを知り、危険を体験して初めて、危険の判断や不必要な危険の回避方法を学ぶことができます。遊びの場では、子どもは危険を体験することができます。そして、たとえけがをしても、すぐに適任者

の助けを得ることができます。大人のいる遊びの場では、たいてい、スポーツやゲームをする、登る、バランスをとる、自然の素材を使って遊ぶ、(自転車、ブランコ、滑車ロープなど)スピード感のある移動をするといったかたちで危険を体験することができます。子どもは、時として、けがをすることがあるかもしれません。けれども、そうしたけがは、通電している電車の線路や道路、立体駐車場や廃棄物の山、川、運河などに踏み込むことで起きてしまうけがとは、まったく異なるものです。

《適切な関わり方》
遊びには、誘われるまで待つことができる

　プレイワーカーは、子どもが遊ぶことを広げるために働く人です。プレイワーカーは、子どもから誘われないかぎり、子どもといっしょに遊ぶことを期待するべきではありません。大人は、子どもの遊びを独占し、操作する傾向をもっています。つまり、子どもから遊びに誘われているときでも、大人はこのことについて敏感であり、断ることができるようにしておく必要があります。

大人からさえぎられずに、子どもが遊び始めることができる

　多くの遊びの形態（たとえば、想像的な語りなど）は、子どもが遊びの「状態」に入るために、誰にもさえぎられない時間をもつことができたときにだけ広がっていきます。これは、ミアーズ（Mears 1993）が「空想にふける」と呼ぶものです。もし、子どもが自ら遊ぼうとしているときに、プレイワーカーがつねにプログラムをつくろうとしたり、注意をひきつけようとしたり、さえぎったりしつづけると、そうしなかったときよりも、子どもの満足度は低いものになると考えられます。

子どもが遊びの価値を自分で探ることができる

　これは、「できる範囲内で実践する」基準のひとつです。遊びは、「試行錯誤」のプロセスです。子どもは、私たち大人から見ると、乱暴で、危なっかしく、場にそぐわない振る舞いをすることもよくありますが、このような状況は、次々と別のかたちへ展開していきます。

　もし、遊び空間が豊かで、場の雰囲気が子どもにとってやさしく、そのことが子どもにも了解されていれば、遊びの中で、子どもは自分自身の態度を次々と変化させていくでしょう。そのようなときには、性急かつ厳格に「平等」などの価値観をもち込もうとしてはいけません。

自分でうまくなることが子どもに任されている

　遊ぶということは、本質的に、大人を必要としない体験です。そこでは、ふつう、子どもが試行錯誤をくりかえすことで、自分の得意や不得意について学んでいきます。また、子どもは、高い場所での恐怖を乗り越えたり、いじめに立ち向かったりしながら、自分の手腕や能力を磨いていくようになります。プレイワーカーが介入する（または励ます）ことは、子どもが自分自身の判断を育てることを損ない、徐々に大人の判断に身を任せるようになってしまうことにもつながります。

遊びの内容や意図が子どもに任されている

　遊ぶことの本質―子どもが何をするのか、どのようにするのか、なぜするのか―は、子どもの問題です。たいていの場合、何をして遊びたいのか、なぜそれをして遊びたいのかを決めるのは、子ども自身であることが一番です。子どもが遊ぶということは、もてなしでも、気晴らしでもなく、生物として子どもが発達するプロセスの一部であると理解されることが必要です。

なぜ遊ぶのかが子どもに任されている

　「遊びは、外からもち込まれた目標や報酬のためにするものではない」ということは、学術研究の中でも了解される傾向にあります。つまり、子どもは、特定の活動に関わるように説得されたり、賞品を提供されたり、その他のプレッシャーを受けるべきではありません。その理由のひとつとして、外からのプレッシャーや説得は、危険への判断力が育つ機会を子どもから奪い、かえって子どもを危険な状態においてしまうことが考えられます。もうひとつの理由は、なぜそれをするのかという理由を与えられることで、子どもが大人に頼るようになってしまうかもしれないということです。

自分にふさわしい行動を子どもが決めることができる

　これは、もうひとつの「できる範囲内で実践する」基準です。遊びの空間

というのは、何よりもまず、失われた空間を補う手段として、子どものために存在しています。この空間が、本当の意味で子どものものであれば、そこでの行動（たとえば、大きな音で音楽をかけること、汚い言葉づかい、けんか、遊びの種類）は、そこにいる子ども自身が決めるものです。そして、それはつねに変化していきます。けれども、こうしたアプローチには、問題が生まれるのも確かです。これは、10歳以下程度の子どもを中心にとどめておくものとして、絶対に守るべきものではなく、原則として理解しておいたほうがよいでしょう。

大人が企画をするのは、子どもが必要とするときだけ

時には、子どもは退屈を感じ、創造的な気分にもなれず、刺激もなく、なんとなく憂鬱な気分になることもあるでしょう。そのようなとき、子どもは、面白いことがないかと聞いてくることがあるかもしれません。たとえば、それはゲームやクイズ、映画鑑賞や遊び、遠足だったりします。けれども、プレイワーカーは、子どもを喜ばせたり、必要とされたいと願う気持ちが、自分の中にあることに敏感であることが必要です。そして、頼りたくなる子どもの弱さにも、敏感であることが必要です。プレイワーカーが企画を組むのは、子どもから頼まれている場合か、その企画が子どもにきっかけを与えると判断した場合だけにとどめておくことが必要です。また、ひとしきりの企画をした後でも、同じような状況がまた訪れたと判断するまでは、企画への誘惑に負けてはいけません。

基礎編
「プレイワークの評価表」

◆ 基礎編「プレイワークの評価表」

実践の基本的な評価は、遊びの場で提供されている素材や要素、適切な子どもとの関わりについての振り返りをとおして行います。この評価は、断片を取り上げるのではなく、ふだんからの継続的な流れを振り返るようにつくられたものです。	まったくない	ときどきある	よくある	いつもある	実際に子どもが使っている例をあげて、説明をしてください。以下の手段を使って、子どもがどんなことをして遊べるのか、創造力を働かせて、思いつくかぎり書いてみてください。
1. 用意しているもの					
私がつくっている物理的な環境では、子どもが次のような要素で遊ぶことができるようにしています。					
プレイワークのモデル					
・火を使って遊ぶ					
・水を使って遊ぶ					
・空気を使って遊ぶ					
・土を使って遊ぶ					
・自分という存在を使う					
・抽象概念を使う					
・感覚を使う					
・さまざまな地形にふれる					
・さまざまな素材や物を使う					
・建築する					
・場を変化させることができる					
・目新しいものがある					
・選択肢がある					
・家庭や地域ではふだんできない体験がある					
・道具・工具を使うことができる					
・自由になる素材がある					
・危険にふれることができる					

2. 適切な関わり方				
私の関わりのスタイルは				
・遊びには、誘われるまで待つことができる				
・大人からさえぎられずに、遊び始めることができる				
・子どもが遊びの価値を自分で探ることができる				
・うまくなることが子どもに任されている				
・遊びの内容や意図が子どもに任されている				
・なぜ遊ぶのかが子どもに任されている				
・自分にふさわしい行動を子どもが決めることができる				
・大人が企画するのは、子どもが必要とするときだけ				
小計 (a)				
傾斜配点	1	2	3	4
合計　（小計 (a) × 傾斜配点）　(b)				
コメントがあれば、書いてください。				

グレードについて ： スコアを合計すると、次のグレードのいずれかになります。
グレード 1：76 〜 100
グレード 2：51 〜 75
グレード 3：26 〜 50
グレード 4：0 〜 25

◆ 質を阻害している要素

もし、スコアが 50 以下であれば、ほとんど、またはまったくコントロールできない、いくつもの要素が作用している可能性があります。この評価では、こうした要素を考慮できるようにします。その要素が、最終グレードに影響しているかもしれません。あなたの活動が以下の要素に影響されていると考える場合は、その欄にチェックをつけてください。そのチェックひとつにつき、0.5 点をあなたの最終スコアに加算します。

質を阻害している要素 一　基礎編	チェック欄	簡単に例をあげるか、説明を書いてください。
内部的な要素		
・活動場所の地域性に問題がある		
・私が受けた研修の質が限定されている		
・私たちの場所の広さに問題がある		
・私たちの場所のタイプに問題がある		
・私たちのスタッフの数に問題がある		
・活動の場が他と共同であることに問題がある		
・子どもに見られる人種差別のレベルが劣悪である		
・子どもに見られるいじめのレベルが劣悪である		
・子どもに見られる性差別が劣悪である		
外部的な要素		
多くの子どもが：		
・極端にわがままな態度をとる		
・生きるために必死にならなければならない		
・家庭に問題を抱えている		
・過密な環境で住んでいる		
・子どもだけで放っておかれることが多い		
・地域が地理的に貧しい		
・地域が経済的に貧しい		
・地域での人種差別が一般的になっている		
・地域での性差別が一般的になっている		

多くの親や保護者が次のように感じている：		
・宿題は、遊びよりも重要と考えられている		
・遊びの中では汚れてはいけないと考えられている		
・子どもは忙しくなければならないと考えられている		
質に影響を与えている要素の小計　(c)		
コメントはありますか？		
修正された合計スコア (b + c) ＝		
行動プラン		

第5章
中級編

◆ 定義と解説

　基礎編と同じく、中級編を効果的に実施するために、手順と用語の確認をします。

　プロセスは、基礎編と同じです。まず、みなさんの実践について、質問をします。今回は、みなさんがつくった環境の中で何が起きているか、そして、そこでの子どもの雰囲気がどのようなものであるかについて見ていきます。そして、みなさんの回答に応じて、得点を加算します。また、「質を阻害している要素」についての手順は同じです。

▶▶ 考え方と用語

　この章には、基礎編よりも複雑な考え方と用語が含まれています。以下に、中級編で使われる言葉について、私たちの考え方を示します。

《遊びの行動形態》
自由に選ぶ

　遊びは、「自由に選び、自ら方向づけることができ、本質的に自らの動機に基づく行動」として定義されます。例として、外から与えられた目標や報酬のために行うものではありません（プレイ・エデュケーション　PlayEducation

1984)。理想的にいえば、「自由に選ぶ」という言葉は、まさにそのものを意味します。けれども、実際には、「子どもの安全という制約の中で、実践可能なかぎり自由に」という意味になるでしょう。シルヴァ（Sylva 1977）は、遊びの定義について、「継続する行為の連続が、子どもの意図的なコントロール下にある行動のことである」と定義しています。

自ら方向づけることができる

　遊びは試行錯誤のプロセスです。そして、その中で、子どもは多くの価値あるアイデアや情報を手にしていきます。このプロセスを「近道」してしまうこと、たとえば、使う前から、正しいかなづちやハケの握り方を子どもに伝えてしまうことは、子どもの「直接体験からの」感じ方や情報を奪ってしまうことにもなります。どのような場であっても可能なかぎり、子どもはどのように遊ぶのかを自分でコントロールできることが必要です。ブルース（Bruce 1994）は遊びについて、「直接体験を積極的に利用するもの」としています。

本質的に自らの動機に基づく

　これは、遊びが外から与えられた目標や報酬のためにするものではないことを意味しています（シルヴァ Sylva 1977）。つまり、プレイワーカーは、自分たちの都合でこの遊びのプロセスを汚してしまうことを避けなければなりません。ケスラー（Koestler 1964）は、「他の動機によって行為が傷つけられるほど、それは遊びではなくなる」と述べています。一方、ブルース（Bruce 1994）は、「自ら始め、方向づける行為につながるような本質的な動機が評価される」としています。さらに、「自由に流れる遊びは、本質的に自らの動機に基づいている」としています。

安全な状況にある

子どもが、身に迫る脅威や危険が最小限に抑えられていると確信できることを意味します。(「評価作成支援委員会」Quality Assessment Support Group 2000)

自発的である

パトリック (Patrick 1914) は、遊びを「自由かつ自発的で、そのこと自体のためにする人間の行為」と定義しています。

達成目標をもたされない

ブルーナ (Bruner 1972) は、「道具を使うことを遊びの側面から見るとき、子どもは目標の達成に関心がないことや、その手段に夢中であるということが強調される」と述べています。

遊びの内容と目的を子どもがコントロールできる

遊びは、子ども自身のものであるというだけではありません。子どもは、自分の発達ニーズを満たすために最善の判断をできる存在でもあります。つまり、子どもが何をどのようにするのか、なぜそれをするのかは、可能なかぎり、子どもがコントロールできるようにすることが大切です (ヒューズ Hughes 2001)。

《遊びの行動指標》
▶▶ 多様な語りと活動の種類

　遊びの欲求は、可能なかぎり幅広い遊び方と活動の中で表現されることが必要です。たとえば、ハット（Hutt 1979）は、「遊びは、多様な活動を含む巨大なカテゴリー」であるとしています。ベイトサンとマーティン（Bateson and Martin 1999）は、「個人は、発達の過程において、経験や感覚、技術など、将来の人生で必要となるものを求め、獲得していく存在」としています。

▶▶ 生物や生態系との相互関係

　遊び体験の中では、子どもが他の生物や川・湖・海その他の生態系にふれられることが大切です。ニコルソン（Nicholson 1972）は、無秩序さや動く要素にふれられる点、生物や自然の素材、（水と砂の混ざった）ぬかるみなどを例にあげて、海辺をすばらしい遊び環境としています。

▶▶ 遊びの分類

コミュニケーション遊び（Communication Play）

　例：悪口、まね、からかい、冗談、顔の表情（遊びの顔）、ジェスチャー、詩など。ワイニンガー（Weininger, O. 1980）は、「子どもは、遊ぶとき、つねに話し、自分の知っている言葉を練習している」としています。

創造遊び（Creative Play）

　例：いろいろなものをつくることができる手段や道具がある場、ありあまる時間がある場、ちらかしても問題にならない場…。ケスラー（Koestler, A. 1967）は、これを「相容れないもの同士の幸せな融合」としています。

深層遊び（Deep Play）

　例：車の通るそばで遊ぶ、自転車で橋の欄干や火の中を渡る、高い木に登る、そして、とくに、川や海で遊ぶなど。ゲールツ（Geertz, C. 1972）は、

「危険度の高い遊びは、合理的ではないが、完全に子どもを没頭させてしまう」と表現しています。

ドラマ遊び（Dramatic Play）
　例：子どもは、親が子どもを学校につれて行く場面や、テレビ番組、2人の会話、宗教やお祭りなどのイベント、時にはお葬式を劇にすることがあります。ガーヴェイ（Garvey, C. 1977）は、「遊びには、自分たちの知っている人物や筋書き、話の展開が含まれる」としています。

探求遊び（Exploratory Play）
　例：手に取ってみたり、動かしたりしながら、その価値や可能性、中身を探り、ものや場所と関わる遊びです。ブレサートン（Bretherton, I. 1984）は、この遊びについて、「（中略）いくつかのものをまとめること、互い違いに置くこと、積み木を箱に入れること、おもちゃをミニチュアの家に並べること、ものを積み重ねること、空間配置をつくることなどが含まれる」としています。

空想遊び (Fantasy Play)

　例：子どもは、パイロットになって世界中を旅してみたり、巨大な魚をつかまえたり、高級車を手にしたかのようにして遊ぶときがあります。フロイト (Freud, S. 1959) は、「子どもは、創造性豊かな作家のように遊ぶことがある。その中で、子どもは、気持ちの赴くままに、新しい方法で自分自身の世界をつくり、世界の物事を再構築していく。(中略) 子どもは、自分の想像したものや状況を、現実の世界で可能な、目で見えるかたちに結びつけることを好む」としています。

想像遊び (Imaginative Play)

　例：そこにはいない犬をなでてみたり、目の前には存在しない食べ物を食べてみたり、そこにはないマイクに向かって歌ってみたりする遊びです。ヘイズ (Hayes, C. 1952) は、この遊びを「実際にはないものや器具、おもちゃを使って遊ぶ行動」と表現しています。

運動遊び (Locomotor Play)

　追いかけっこ、おにごっこ、かくれんぼ、高おに、木登りなどに見られる遊びです。バン・ラービック-グドール (Van Lawick-Goodall, J. 1968) は、こうした遊びを「それ自体が唯一の目的となる運動パターン (登る・揺れる・全速力で走るなど) が見られる運動を含む行動」と表現しています。

第5章　中級編

熟練遊び（Mastery Play）

例：たき火、穴掘り、水の流れを変えること、基地づくり、植物栽培など。ヘンドリック（Hendrick, I. 1942）は、こうした遊びを「やってみたいと考え、どのようにするのかを知りたいという本能的な欲求や、特定の環境に熟練したいと思う衝動」と表現しています。

もの遊び（Object Play）

例：ほぼあらゆるものに対して、調べてみたり、新しさを感じたりする遊びです。この遊びには、ボールやマジック、布きれ、生き物や死がいといったものも含まれます。エガン（Egan, J. 1976）は、「もの遊びは、動物が獲物をとらえようとする行動に近いと思われる」としています。

ロールプレイ（Role Play）

例：子どもは、ほうきを使って掃いたり、電話をかけたり、車を運転して遊びます。S.J. ハット、S. タイラー、C. ハットとH. クリストファーソン（Hutt, S.J., Tayler, S., Hutt, C., Christopherson, H. 1989）は、「子どもは、特定の出来事やその成り行きについての知識を表現する」としています。

じゃれつき遊び（Rough and Tumble）

例：この遊びは、そこに関わる子どもが笑い合い、歓声をあげるなど、その顔の表情から明らかに楽しんでいることが分かる戦いごっこ、レスリング、追いかけっこなどをさします。フェイディ（Fady, J.C. 1969）は、この遊びについて、「宙返り、取っ組み合い、格闘といったものや、「引き下がる」アプローチを取るおにごっこ、かくれんぼ、および、それらの混じったもの」をあげています。

社会遊び（Social Play）

　例：この遊びは、絵や建築の共同制作や、協力しあってものを運ぶこと、集団遊び、パラシュートゲームなどに見られます。バットロ（Battro, A.M., 1973）は、「ここから初めて、私たちは単に仲間と遊ぶということに向き合うだけでなく、相互関係を確保するために『体系化した規則』によって、遊びを律していく」としています。

社会ドラマ遊び（Socio-dramatic Play）

　例：おうちごっこ、お店ごっこ、ままごとでのお料理やお説教などの遊びです。S.J. ハット、S. タイラー、C. ハットおよびH. クリストファーソン（Hutt, S.J., Tayler, S., Hutt, C., Christopherson, H. 1989）は、このような遊びを「子どもが、自分自身や誰かの役割を演じたり、さまざまな状況を真似たりすることによって、できごとを自分なりに解釈することや、実際の、または想像したものの助けを借りて、人や動き、話し方を真似ること」と表現しています。

象徴遊び（Symbolic Play）

　例：この遊びでは、木切れなどを人に見立てたり、自分のグループや種族のシンボルとなる旗をつくったりします。ブレサートン（Bretherton, I. 1984）は、「子どもは、何かを象徴するシンボルとしておもちゃを使うことがある。そこでは、ブロックがベッドになったり、人に見立てられた枝が歩いたり、話したりする」としています。

（以上に示した遊びの分類の詳細は、『プレイワーカーによる遊びの分類学』ヒューズ（Hughes, B. 1996a）PLAYLINK, Londonに記されています。）

▶▶ 自ら始める関わり

　遊びは、内的な欲求の結果（レニー Rennie, 1997、エルスとスタロック Else and Sturrock, 1998）として、ふつう、子どもが、目の前の環境に対して自発的に関わることによって始まります。例として、アイブル‐アイベスフェルト（Eibl-Eibesfeldt 1967, 1970）は、遊びを〈科学的調査研究〉になぞらえ、ロレンツ（Lorenz 1972）は「遊びは、子どもが経験をするためにするもの」と記しています。また、シルヴァ（Sylva 1977）は、遊びを「環境に対して自ら仕掛ける実験である」と定義しています。

▶▶ 問いかけあう関わり

　子どもは、遊びの中で、身の回りの世界に対して（気の赴くままに）探求的になり、（直接的に）問いかけるような関わりをもちます。子どもが環境に関わることで、その環境は子どもに自らの情報を与えます。それに対して、子どもは、その関わりに応じた反応を示し、その環境は子どもに別の角度から反応を表します……。シルヴァ（Sylva 1977）は、このことについて、「子どもは、いずれ使う可能性があると思われる情報を蓄積し、感覚による認識で対象物の特性を特定し、自らの努力によって、環境との「問いかけあう関係」を結ぶ、好奇心旺盛で、遊び心のある動物」と表現しています。

▶▶ 遊びの合図／メタ・コミュニケーション

　「これは遊びだよ」ということを表す顔の表情や、言葉づかい、姿勢のことをさします（ベイトソン Bateson 1955）。遊びの合図は、なんらかの遊びを生み出すために、子どもが周囲の環境に対して引きつけ、誘いかけるものです（エルスとスタロック Else and Sturrock 1998）。

▶▶ 気持ちの表現指標

　遊びの場では、子どもが次のような気持ちを表現できるようにすることが必要です。

幸福感　　喜びや満足を表現すること
独立心　　権威や支配に寄りかからない気持ちを表現すること
自信　　自己肯定感を表現すること
利他的　　人や物事に対する固い信頼感を表現すること
バランス　　心身の安定を表現すること
行動的・没頭　　エネルギーにあふれ、自由に動き回り、または深く没頭すること
安心感　　恥ずかしさやぎこちなさ、束縛、堅苦しさから解放された気持ちを表現すること

中級編
プレイワークの評価表

◆ 中級編「プレイワークの評価表」

中級編の評価は、「行動形態」「遊びの行動指標」「気持ちの表現指標」の3つのエリアで行います。この評価は、断片を取り上げるのではなく、ふだんからの継続的な流れを振り返るようにつくられたものです。	あまり見られない	ときどきある	よくある	いつもある	実際例をあげるか、説明を書いてください。
1. 遊びの行動形態					
子どもは、可能なかぎり次のように行動しています：					
・自由に選ぶ					
・自ら方向づけることができる					
・本質的に自らの動機に基づく					
・安全な状況にある					
・自発的である					
・達成目標をもたされない					
・遊びの内容と目的をコントロールできる					
2. 遊びの行動指標					
子どもの行動には、					
・多様な語りと活動の種類がある					
・生物や生態系との相互関係がある					
遊びの種類					
・コミュニケーション遊び					
・創造遊び					
・深層遊び					
・ドラマ遊び					
・探究遊び					
・空想遊び					
・想像遊び					
・運動遊び					
・熟練遊び					
・もの遊び					
・ロールプレイ					
・じゃれつき遊び					

・社会遊び					
・社会ドラマ遊び					
・象徴遊び					
・自ら始める関わり					
・知的弁証的な関わり					
・遊びの合図／メタ・コミュニケーション					
3. 気持ちの指標					
私が活動する遊びの場では、子どもは次のような気持ちを表現しています					
・幸福感					
・独立心					
・自信					
・利他的					
・信頼					
・バランス					
・行動的・没頭					
・安心感					
小計 (a)					
傾斜配点	1	2	3	4	
合計 （小計 (a) × 傾斜配点） (b)					
コメントがあれば、書いてください。					

グレードについて ： スコアを合計すると、次のグレードのいずれかになります。
グレード1：106～140
グレード2：71～105
グレード3：36～70
グレード4：0～35

◆ 質を阻害している要素

もし、スコアが50以下であれば、ほとんど、またはまったくコントロールできない、いくつもの要素が作用している可能性があります。この評価では、こうした要素を考慮できるようにします。その要素が、最終グレードに影響しているかもしれません。あなたの活動が以下の要素に影響されていると考える場合は、その欄にチェックをつけてください。そのチェックひとつにつき、0.5点をあなたの最終スコアに加算します。

質を阻害している要素 ― 中級編	チェック欄	簡単に例をあげるか、説明を書いてください。
内部的な要素		
・活動場所の地域性に問題がある		
・私が受けた研修の質が限定されている		
・私たちの場所の広さに問題がある		
・私たちの場所のタイプに問題がある		
・私たちのスタッフの数に問題がある		
・活動の場が他と共同であることに問題がある		
・子どもに見られる人種差別のレベルが劣悪である		
・子どもに見られるいじめのレベルが劣悪である		
・子どもに見られる性差別が劣悪である		
外部的な要素		
多くの子どもが：		
・極端にわがままな態度をとる		
・生きるために必死にならなければならない		
・家庭に問題を抱えている		
・過密な環境で住んでいる		
・子どもだけで放っておかれることが多い		
・地域が地理的に貧しい		
・地域が経済的に貧しい		
・地域での人種差別が一般的になっている		
・地域での性差別が一般的になっている		

多くの親や保護者が次のように感じている：		
・宿題は、遊びよりも重要と考えられている		
・遊びの中では汚れてはいけないと考えられている		
・子どもは忙しくなければならないと考えられている		
質に影響を与えている要素の小計　(c)		

コメントはありますか？

修正された合計スコア (b + c) ＝

行動プラン

第6章
よくある質問

　自己評価を始める前に、次の質問のやり取りを読んでください。

1. **質問**　基礎編と中級編、どちらを使ったほうがよいですか？
   答え　基礎編から始め、そのあとで中級編に進んでください。ただし、グレードづけをとおして、今の実践の正確な評価が出されていると判断したときにだけ、先に進むようにしてください。

2. **質問**　自己評価は、一人でやったほうがよいですか？　他の同僚やチームと一緒がよいですか？
   答え　それぞれの自己評価の仕組みを順番に理解し、その仕組み自体と、使われている言葉や考え方について自信がもてるようになったら、あなた自身が取り組むようにしてください。これは、あなたの実践についての評価です。

3. **質問**　どのくらいの頻度でこの評価を使ったほうがよいですか？
   答え　もし、あなたが2週間などの、長期休みの遊び活動に関わっているとすれば、毎週ごとに評価を行ってください。
   もし、あなたが常設の冒険遊び場または年間をとおして行われている常設・不定期のプロジェクトに関わっている場合は、3ヵ月ごとに評価を行ってください。

4. 質問　自己評価は、活動中に完了させなければなりませんか？
   答え　完了させることは可能です。けれども、このプロセスは断片的にではなく、むしろ連続した期間をとおして実践を評価するようにつくられています。評価を完了させるには、振り返りの時間をとるようにしてください。

5. 質問　考え方や用語の解説は、どこで見つけることができますか？
   答え　それぞれの章に、考え方と用語の解説をつけました。自己評価に取り組む前に、関係する解説をよく理解してください（注：もし、提供されている情報が不十分または不明瞭な場合は、お知らせください）。

6. 質問　この評価には、基礎となっている特定のアプローチはありますか？
   答え　はい。この評価は、大人が介在しない体験としての遊びのモデルを基礎にしています。
   あなたがこうしたアプローチを進めるには、次のことを大切にしてください。
   ・あなた自身または他の大人が物理的に目立たないこと
   ・子どもの声のほうが強いこと
   ・子どもの活動のほうが優先されること
   ・大人がするべき準備は、子どもがくる前に完了していること

7. 質問　基礎編と中級編のプロセスには「質を阻害する要因」という項目があります。これはどういう意味ですか？

86

第６章　よくある質問

答え　時として、遊びの事業は、子どもの体験の質に関わるあらゆる要因に影響されることがあります。けれども、それは、あなた自身の実践とは関係ありません。この項目に当てはまる例は、一目瞭然ですが、なかには質を阻害する要因もあれば、そうでない場合もあるでしょう。

質を阻害しない要因としては以下の要素があげられます。：犬、犬の糞、ガラス、その他のハザード、ごみなど。こうした場では、開園前に掃除をすることが必要です。

質を阻害する要因としては、以下の要素があげられます。：場所が狭い。居酒屋や駐車場、道路、鉄道、廃屋または破壊された家が隣接している。捨てられた自動車がある。

8. 質問　「質を阻害する要因」には、「行動プラン」という項目があります。これは何ですか？

    答え　「行動プラン」は、評価を完了させるに当たって、考え方の理解という点や、向上させる必要があると感じた実践の要素など、変化を必要と判断した箇所を意識するために用意したものです。

9. 質問　意見はどこに伝えたらよいですか？

    答え　この評価プロセスについての意見は、以下の連絡先にお送りください。

    PlayWales, Baltic House, Mount Stuart Square, CARDIFF CF10 5FH, WALES, U.K.
    Tel +44 29 2048 6050　　E-mail mail@playwales.org.uk

    日本語版について
    〒153-0064　東京都目黒区下目黒3−6−1
    (株)学文社　編集部気付　嶋村仁志
    E-mail hensyu@gakubunsha.com

第7章
上級編に向けて

　この本づくりとプロセスの開発に深く入りこみ、その内容を考えていくほど、「子どもが遊ぶ」という点において、私たちの存在は重要であり、プレイワーカーは子どもに対して大きな責任を背負っていると感じてきました。

　遊ぶということは、人間である私たちの存在すべての部分を支えているようです。精神的にも、肉体的にも、その影響の大きさは計り知れず、根源的なものです。つまり、子どものための確実な空間づくりやその運営方法、そして質を保証する手段の確保は、決定的に重要となります。

　それは、抽象的に見て、「豊かな遊び経験」が単に、すべての子どもの「人としての権利」であり、生物としてのニーズだからというだけではありません。遊ぶということは、個人的に大切なものでもあるということです。私たちには、良くも、悪くも、遊んできた経験があります。そして、そうした私たちの中の「子ども性」は、「遊ぶ」ということを保障するために、今の世代や未来の世代に対して、できるかぎりのことをしたいと訴えてくるのです。

　サットン-スミス（Sutton-Smith 1997）は、彼の著書『The Ambiguity of Play（遊びのあいまいさ）』の中で、フッテンロッヒャー（Huttenlocher）による脳のイメージ技術に関する論文を引用して、10歳以下の子どもは大人の少なくとも2倍以上の能力をもっていることを示唆しています。

この「過剰能力」の状態が、彼のいう「潜在的変動性」を人間の脳に維持させ、それが、人類の進化につながっていると考えられるのです。また、サットン-スミスは、遊びをとおして多様な経験にふれることで、この過剰能力状態が効果的に活かされることを示唆しています。

　また、彼は、「遊びの役割は、(『可能であるというよりも現実である』というつながりを脳の中につくることによって)『脳の潜在能力を現実化する』ことにある」としています。つまり、「脳は、遊ぶことなくしては保存され得ない、潜在的な変動性をより多く保存しようとする（上述の著書225-226ページ）」としています。

　サットン-スミスの議論の要旨は、子どもは遊ぶことによって、脳が「可塑性」として知られる現象からの恩恵を受け、それなくしてはあり得ない成長をとげ、情報を蓄積して処理する能力を劇的に向上させるというものです。この膨大な神経細胞の過剰能力状態は、10歳までに活かされなければ、その後、衰えていきます。フッテンロッヒャー（Huttenlocher 1992）は、これを「シナプス除去」と呼んでいます。

　彼は次のように続けます。

　「たとえば、遊びのように、『気まぐれで、見た目には不必要で、柔軟な反応を経験する』ことで、脳はこの能力過剰状態を取り込み、そのような状態をその後のプロセスでも継続的に取り込んでいく。グールド（Gould 1996b）は、このことについて、ものごとがうまくいった後に見られる『行動の硬直化』から生まれる問題を回避するとしている。」

　ここで示唆されているのは、遊びが子どもの脳の発達に関係しているということだけでなく、進化に関係しているということです。私たちの現代産業

第 7 章　上級編に向けて

社会には、道路事情、環境汚染、保護者が恐れる〈不審者の危険〉などの問題があります。そのような中、優れた遊びの場を用意することは、知識と実力を兼ね備えた実践者の緊急の課題です。もし、私たちがこの課題を放置すれば、〈遊ぶことを奪われた〉影響を受ける子どもがさらに増えることになります。

　ここで、遊ぶことを奪われた未来がたどる道をいくつか示します。

　フッテンモーゼルら (Huttenmoser et al. 1995) は、〈抑圧された子ども〉と称して、遊びを奪われたことから生じる症状を次のように記しています。

　　遊びの不足は、交通事情や危害を加える大人に対する保護者の不安の結果です。「抑圧された子ども」は、たいてい攻撃的で、極端にわがままな態度をとることがよくあります。そうした子どもは、情緒的にも、社会的にも抑圧されているため、5歳までには人と混ざることを難しいと感じるようになり、学校での勉強が遅れ、肥満の可能性がより高くなると考えられます。

　チュガニ (Chugani 1998) は、遊び経験がなく、事実上刺激を奪われてきた子どもについて調査し、

「精神的問題、身体的な感覚の喪失、脳の発達制限、いくつもの学習障害、一貫性のない行動、つながりをつくることの困難さ、うつ、自閉症の子どもに似た引きこもり、ADD の子どもに見られる多動性や制御の喪失」などを報告しています。

　ツッカーマン (Zuckerman 1969) は、環境的な貧困から引き起こされた神経伝達物質の異常なレベルについて、以下のように述べています。

「非社会性または攻撃的な反社会性が見られる人間性は、神経伝達物質が不適切なレベルにあることが原因となっていると報告されている」

暴力やストレスがあることもまた、遊びが奪われる原因となり、子どもの神経系および行動の問題へとつながっています。バルバーニー（Balbernie 1999）は、

「トラウマをもつ子どもは、非常に強い不安とストレスを経験していると考えられます。不安やストレスに対応する神経系は、そのような環境の中でも生き残れるような反応をし、その反応が子どもの脳の構成に反映されていくことになります。同様に、刺激を受けなかったり、（中略）誰かと遊ぶことがなかったり、身の回りの環境を探る機会がほとんどなかった子どもは、後の人生で必要になると思われる神経のつながりや経路をうまくつくることができなくなることも考えられます。（論文17ページ）」

どのような理由であれ、空間が次々と失われていく中で、豊かな遊び環境を提供することは、子どもの健康的な成長にとって、決定的に重要な意味をもちます。けれども、豊かな環境やすぐれたプレイワーカーは、そうした状況に均衡を保つための一部でしかありません。それでも、今まで以上に複雑で、課題の多いこの分野において、私たちは、このような空間やプレイワーカーの存在が有効であることを示していかなければなりません。

つまり、資金提供者に向けては、こうした有効性と継続的な関わりの重要性が提示されるようにすることが必要です。また、保護者に向けては、私たちの実践への支援の必要性が提示されるようにすることが必要です。そのとき、私たちプレイワーカーは、子どもの力になるための知識（つまり、プレイワークの存在意義）を土台にしなければなりません。そのためにも、私たちの実践が向上し、その効果が測定可能となるような、段階的で利用しやすい

システムの開発が必要不可欠となります。それによる子どもへの恩恵は、とても大きいものです。

　上級編は開発途中ですが、以上のような理由から、私たちはいまだ創世記にあるプレイワークの評価の中で、プレイワークのセラピー的かつ臨床的応用を探り、遊びの場を利用する多くの傷ついた子どもにも対応できるように考えています。そのためには、いうまでもなく、このプレイワーク分野での協力は不可欠です。それなくしては、発展は見込めないばかりか、十分に満足できる結論に達することもできません。また、このような展開のためにも、必要な資源（教育、実践トレーニング、移動のための手段、宿泊施設）の提供は、これからとくに重要な課題となるでしょう。今現在までに私たちが達成している成果は小さいものですが、これも大切なステップだと考えています。このプロジェクトをすばらしい結果に導くために、みなさんから賛同と支援をいただけることを信じています。

第8章
参考資料と参考文献

Abernethy, W.D. (1977) *Playleadership*. London : NPFA

Abernethy, W.D. (1984) in *Playwork: Base, Methods an Objectives. Proceedings of PlayEd '84*. Bolton : PlayEducation / Bolton MBC

Balbernie, R. (1999) 'Infant Mental Health'. *Young Minds Magazine*, 39

Bateson, G. (1955) 'A Theory of Play and Fantasy'. *Psychiatric Research Report*, No.2. 39-51

Bateson, P.P.G., and Hinde, R.A. (1976) *Growing Points of Ethology*. Cambridge : Cambridge University Press

Bateson, P., and Martin, P. (1999) *Design for Life*. London : Cape

Battram, A. (1997) 'Designing Possibility Space'. PlayEd '97. Ely : PlayEducation

Battro, A.M. (1973) 'Piaget': Dictionary Terms. Pergamon Press

BBC Horizon (1998) 'Beyond a Joke'

Benette, E.L., Diamond, M.C., Krech, D., and Rosenzweig, M.R. (1964) 'Chemical and Anatomical Plasticity of Brain'. *Science*, Vol. 146, Oct

Bexton, W.H., Heron, W., and Scott, T.H. (1954) 'Effects of Decreasing Variation in the Sensory Environment'. *Canadian Journal of Psychology*, Vol.8, No.2

Bretherton, I. (ed.) (1984) *Symbolic Play – The Development of Social Understanding*. Orland : Academic Press

Bruce, T. (1994) 'Play, the Universe and Everything', in Moyles, J.R. (ed.), *The Excellence *of Play*. Buckingham; Philadelphia : Open University Press

Bruner, J.S. (1972) 'Nature and Uses of Immaturity'. *American Psychologist*, Vol.27, No.8

Bruner, J.S. (1974) 'Child's Play'. *New Scientist*, 62, 126

Bruner, J.S. (1976) 'Introduction' to *Play : Its Role in Development and Evolution*. New York : Penguin

Bruner, J.S., Jolly, A., and Sylva, K. (1976) *Play : Its Role in Development and Evolution*. New York : Penguin

Chilton-Pearce, J. (1980) *Magical Child*. New York : Bantam Books

Chugani, H. (1998) BBC News 20th April

Cobb, E. (1993) *The Ecology of Imagination in Childhood*. Dallas : Spring Publications

Connolly, K. (1973) 'Factors Influencing the Learning of Manual Skills by Young Children', in R.A. Hinde and J.G. Stevenson-Hinde (eds.), *Constraints on Learning : Limitations and Predispositions*. London : Academic Press

Convention on the Rights of the Child, United Nations, September 1990 Conway, M. (1996) 'Puddles – A workshop'. PlayEd '96. Ely : PlayEducation

Conway, M. (1999) 'Quality in Play – A Quality Assurance System for Play Provision in Hackney'. London : HPA

Egan, J. (1976) 'Object Play in Cats', in Bruner, J.S., Jolly, A., and Sylva, K. (eds.), *Play – Its Role in Development and Evolution*. London : Penguin

Eibl-Eibesfeldt, I. (1967) 'Concepts of Ethology and their significance in the study of human behaviour', in Stevenson, W.W., Rheingold, H.L. (eds.), *Early Behaviour : Comparative and Dvelopmental Approaches*. New York : Wiley

Eibl-Eibesfeldt, I. (1970) *Ethology : The Biology of Behaviour*. New York : Holt, Rinehart and Winston

Else, P., and Sturrock, G. (1998) 'The Playground as therapeutic space : Playwork as healing', in *Play in a Changing Society : Research, Design, Application*, the Proceedings of the IPA/USA Triennial National Conference. Longmont, CO : IPA

Fady, J.C. (1969) Social Play : the Choice of playmates observed in the young of the crab eating macaque. Folia Primat. No.11, p.329

Freud, S. (1959) 'Writer and Daydreaming', in J. Strachey (ed. and trans.), *The Standard Edition of the Complete Psychological Works of S. Freud (1920-1922)*, Vol.18, London : Hogarth and Institute of Psychoanalysis

Frost, J.L., and Jacobs, P.J. (1955) 'Play Deprivation : A Factor in Juvenile Violence'. *Dimensions*, Vol.3, No.3

Garvey, C. (1977) *Play*. London : Fontana/Open Books Original

Geertz, C. (1972) 'Deep Play : a Description of Balinese Cockfight'. Daedalus, No.101

Geertz, C. (1973) *The Interpretation of Cultures*. New York : Basic Books

Gordon, C. (1999) 'Riskogenics : an exploration of risk'. PlayEd '99. Ely : PlayEducation

Gould, S.J. (1996b) *Full House : The Spread of Excellence from Plato to Darwin*, New York : Harmony Books

Groos, K. (1898) *The Play of Animals* : New York : Appleton

Hall, G.S. (1904) *Adolescence : Its Psychology and its Relations to Physiology, Anthropology, Sociology, Sex, Crime, Religion and Education*, Vol.1 New York : Appleton

Harlow, H.F., and Harlow, M.K. (1962) 'The Effect of Rearing Conditions on Behaviour'. *Bulletin of the Menninger Clinic*, 26, 213-224

Harlow, H.F., and Suomi, S.J. (1971) 'Social Recovery by Isolation-Reared Monkeys'. *Proc. Nat. Acad. Sci. USA*, Vol.68, No.7, pp.1534-1538

Hayes, C (1952) 'The Ape in our House', in Bruner, J.S., Jolly, A,, and Sylva, K. (eds.), *Play – Its Role in Development and Evolution*. London : Penguin

Hendrick, I. (1942) 'Instinct and Ego During Infancy'. Psychoanalytic Quarterly, 11, 33-58

Heron, W. (1957) 'The Pathology of Boredom', *Scientific American*, 196

Hughes, B. (1984) 'Play a Definition by Synthesis', in Recommendations on Training for Playwork. London : JNCTP (1985)

Hughes, B. (1988) 'Play and the Environment'. *Leisure Manager*, Vol.6, No.1

Hughes, B. (1996a.) *A Playworker's Taxonomy of Play Types*. London : PLAYLINK

Hughes, B. (1996b.) *Play Environments : A Question of Quality*. London : PLAYLINK

Hughes, B. (1997b.) 'Towards a Technology of Playwork', in Proceedings of PLAYLINK/Portsmouth City Council Conference. Portsmouth : PLAYLINK

Hughes, B. (1999a.) 'Does playwork have a neurological rationale?', in *The Proceedings of PlayEducation '99 Part One*. Ely : PlayEducation

Hughes, B. (1999c.) 'Uncensoring Play – Towards an Evolutionary Perspective for Facilitating Recapitulation', in *Proceedings of the 14th IPA World Conference*, Lisbon, Portugal. IPA : Lisbon

Hughes, B. (2000) 'A Dark and Evil Cul-De-Suc : Has Children's Play in Urban Belfast been Adulterate by the Troubles?', MA Dissertation. Cambridge : Anglia Polytechnic University

Hughes, B. (2001) *Evolutionary Playwork and Reflective Analytical Practice*. London : Routledge

Hughes, B. and Willams, H. (1982) Talking About Play 1-5, *Play Times*. London : NPFA

Hutt, C. (1979) 'Exploration and Play', in Sutton-Smith, B. (ed.), *Play and Learning*. New York: Gardener Press

Hutt, S.J., Tyler, S., Hutt, C., and Christopherson, H. (1989) *Play, Exploration and Learning*. London: Routledge

Huttenlocher, P.R. (1990) 'Morphometric Study of Human Cerebral Cortex Development'. *Neuropsychologia*, Vol. 28, No. 6

Huttenlocher, P.R. (1992) 'Neural Plasticity', in Asbury, McKhann and McDonald (eds.), *Deseases of the Nervous System*, 1 : 63-71

Huttenmoser, M., and Degan-Zimmermann, D. (1995) *Lebenstraume fur Kinder*. Zurich : Swiss Science Foundation

King, F.M. (1987) 'Play Environment's Criteria' paper. Merseyside Playwork Training Project

King, F. M. (1988) 'Bristol Play Policy' Bristol City Council, Leisure Services

Koestler, A. (1964) *The Act of Creation*. New York: Dell

Koestler, A. (1967) *The Ghost in the Machine*. London: Hutchinson

Loizos, C. (1967) 'Play behaviour in higher primates: a review', in Morris, D. (ed.), *Primate Ethology*. Chicago: Aldine Press

Lorenz, K. (1972) 'Psychology and Phylogeny', in *Studies in Animal and Human Behaviour*. Cambridge, MA: Harvard University Press

McEwen, B.S. (1999) 'Stress and Hippocampal Plasticity'. *Annual Review of the Neurosciences*, 22:105-22

Mears, R. (1993) *The Metaphor of Play*. London: Jason Aronson Inc.

Milne, J. (1997) 'Play Structures'. PlayEd '97. Ely: PlayEducation

Moore, R.C. (1986) *Childhood's Domain*. London: Croom Helm

Morris, D. (1964) 'The Response of Animals to a Restricted Environment'. *Symposium of the Zoological Society of London*, 13, 99

Morris, D. (ed.) (1967) *Primate Ethology*. Weidenfeld & Nicolson

Nicholson, S. (1971) 'How Not to Cheat Children: The Theory of Loose Parts', *Landscape Architecture*, Oct.

Parkinson, C. (1987) *Children's Range Behaviour*. Birmingham: PlayBoard

Patrick, G.T.W. (1914) 'The Psychology of Play'. *Journal of Genetic Psychology*, 21, 469-484

Pearce, J.C. (1977) *Magical Child*. New York: Bantam

Perry, B.D. (1994) 'Neurobiological Sequelae of Childhood Trauma: Post Traumatic Stress Disorder in Children', in Murberg, M. (ed.), *Catecholamines in Post-Traumatic Stress Disorder: Emerging Concepts*. Washington DC: American Psychiatric Association

Perry, B.D. (1995) 'Childhood Trauma. The Neurobiology of Adaptation and Use-Dependent Development of the Brain. How State Become Traits'. *Infant Mental Health Journal*, Vol. 16, No. 4

Perry, B.D., Arvinte, A., Marcellus, J. and Pollard, R. (1996) 'Syncope, bradycardia, cataplexy and paralysis: Sensitisation of an opiod-mediated dissociative response following childhood trauma'. *Journal of the American Academy of Child and Adolescent Psychiatry.*

PlayBoard (1997) 'Quality is Play – Quality Assurance Pack'. Belfast: PlayBoard

PLAYLINK (1992) *Open Access Play and the Children Act.* London: PLAYLINK

PLAYLINK (1997) 'Risk and Safety in Play: The Law and Practice for Adventure Playgrounds'. London: Routledge

Rennie, S. (1997) *The Roots of Consensus.* M.A. Dissertation, Leeds Metropolitan University.

Rennie, S. (1999) 'The Ism of Playwork', PlayEd '99. Ely: PlayEducation

Rennie, S., and Sturrock, G. (1997) Unpublished writings.

Schwartzman, H.B. (1978) *Transformations – The Anthropology of Children's Play.* London: Plenum Press

Simpson, M.J.A. (1976) 'The Study of Animal Play', in Bateson P.P.G., and Hinde, R.A. (eds.), *Growing Points in Ethology.* Cambridge University Press

Sturrock, G. (1989) 'Shamanism'. PlayEd '89. Ely: PlayEducation

Sturrock, G. (1993) 'A Metaphysical Journey into the Meaning of Play'. *International Play Journal*, Vol. 1, No.1 January

Sturrock, G. (1997) 'Play is Peace'. Unpublished writing

Sturrock, G. (1999) 'Personal Communication'.

Sturrock, G and Hughes, B. (2000) 'Personal Communications'.

Sutton-Smith, B. (1997) *The Ambiguity of Play.* Cambridge, Mass.: Harvard University Press

Sylva, K. (1977) 'Play and Learning', in Tizard, B., and Harvey, D. (eds.), *Biology of Play.* London: Heinemann

van Hooff, J.A.R.A.M. (1972) 'A Comparative Approach to the Phylogeny of Laughter and

Smiling', in Hinde, R.A. (ed.), *Non-Verbal Communication*. Cambridge: Cambridge University Press

Van Lawick-Goodall, J. (1968) 'The Behaviour of Chimpanzees: Animal Behaviour Monographs, Vol. 1, Part 3, Bailliere, Tindall and Cassell

Weininger, O. (1980) 'Play and Early Childhood', in Wilkinson, P.F. (ed.), *In Celebration of Play*. London: Croom Helm

Zuckerman, M. (1969) 'Theoretical Formulations: 1', in J.P. Zubek (ed.), *Sensory Deprivation: Fifteen Years of Research*, New York: Appleton-Century-Crofts

Zuckerman, M. (1984) 'Sensation Seeking: A Comparative Approach to a Human Trait'. *The Behaviour and Brain Sciences*, 7

謝　辞

　プレイ・ウェールズは、この評価の開発に参加し、長期にわたって尽力していただいたすべての方に感謝の意を表したいと思います。この出版で実を結んだビジョンと信念は、運営委員会とその他の実践者のみなさんが、新しい考え方や言語、仕組みづくりに向けて真摯に取り組んだ証となるものです。なかでも、次の方々に感謝の意を表したいと思います。

▶▶ 運営委員会

Barbara Dawe（バーバラ・ダーウェ）ポウィス子ども家庭フォーラム
Bob Hughes（ボブ・ヒューズ）〈プレイ・エデュケイション〉コンサルタント・研究者
Brenda Davis（ブレンダ・デイヴィス）カーディフ市－保育・放課後事業担当
Colin Powell（コリン・パウエル）〈ザ・ベンチャー冒険遊び場〉レクサム市
Doug Cole（ダグ・コール）カーディフ市－子どもの遊び担当
Gill Evans（ジル・エヴァンス）プレイ・ウェールズ
Gill James（ジル・ジェームス）〈リビング・プルーフ〉
Jo Jones（ジョー・ジョーンズ）カーディフ市－アダムズダウン児童館
Judy Greenan（ジュディ・グリーナン）全国プレイバス協会
Julie Gibbs（ジュリー・ギブス）カーディフ市－コレーグ・グラン・ハフレン
Marianne Mannello（マリアン・マネーロ）ヴァレー・キッズ児童館
Mark Sainsbury（マーク・セインスブリー）
Mike Greenaway（マイク・グリーナウェイ）プレイ・ウェールズ
Tony Chilton（トニー・チルトン）プレイ・ウェールズ

その他

Liz Gibbs（リズ・ギッブス）〈ウィズキッズ〉スランフィリン
Doreen Aiken（ドリーン・アイケン）〈ザ・ベンチャー〉レクサム
Renee Springett（レネー・スプリンゲット）〈スランシリン遊びの会〉
Larry Delaney（ラリー・デラニー）〈リール冒険遊び場協会〉
Douglas Taylor（ダグラス・テイラー）〈リール冒険遊び場協会〉
Colette Hagerty（コレット・ハガティ）〈スラン・センター〉
Nicola Williams（ニコラ・ウィリアムス）〈グリンタフ遊びの会〉
Julie Parson（ジュリー・パーソン）〈ヴァレーキッズ児童館〉
Debra Jones（デブラ・ジョーンズ）〈ヴァレーキッズ児童館〉
Cath Ingram（キャス・イングラム）〈ヴァレーキッズ児童館〉
Katie Greenaway（ケイティー・グリーナウェイ）〈ビショップストン遊びの会〉
Victoria Harper（ビクトリア・ハーパー）〈ビショップストン遊びの会〉
Ceria Sheeley（セリア・シーリー）〈ベアー・パック〉ペナース
John Miller（ジョン・ミラー）〈ベアー・パック〉ペナース
Danielle Brett（ダニエレ・ブレット）〈ベアー・パック〉ペナース
Martine Cucciniclo（マーティナ・クッチニエロ）〈ベアー・パック〉ペナース
Laura Shorney（ローラ・ショーニー）〈ベアー・パック〉ペナース
Andrew Davies（アンドリュー・デイヴィス）〈リール冒険遊び場協会〉
Amanda Gillespie（アマンダ・ギレスピー）〈リール冒険遊び場協会〉
Jill Owen（ジル・オーウェン）〈リール冒険遊び場協会〉
Annette Allan（アネッタ・アラン）〈リール冒険遊び場協会〉
James Malenga（ジェームス・マレンガ）〈スプロット児童館〉
Mary Slater（メアリー・スレイター）〈セウェクラワエ・テグ〉
Teresa Ide（テレサ・イデ）〈ロミリー・パーク保育園〉

　また、職員を通常業務から離れることにご理解をいただいた組織の皆様、活動の中でこの自己評価の実施を許可してくださった皆様に感謝の意を表し

謝　辞

ます。

　そして、ハックニー遊び協会（ロンドン）代表のミック・コンウェイ氏には、ハックニー区（ロンドン）にて「遊び場の評価」が開発された背景を教えていただきました。このコンウェイ氏の援助により、プレイワーク固有のプロセスを作るうえで、運営委員会がどのように焦点を絞り、遊びの豊かさを向上させていくのかという、重要で複雑な課題を考えていくことができました。

以下の団体に向けて、感謝の意を示します。
European Social Fund（ヨーロッパ社会基金）
　── この基金なくしては、プロジェクトは成り立たなかったものと考えます。
National Assembly for Wales（英国ウェールズ議会政府）
　── 私たちのビジョンと資金面での支援をいただきました。
Estyn（エスティン）
　── 評価の仕組みに関する基準を閲覧させていただきました。
PlayBoard (Northern Ireland)〈プレイ・ボード（北アイルランド）〉
　── 学童保育の評価に関するプロセスを閲覧させていただきました。

> **書評から**

　タイトルどおりの本です。この本で提示されているのは、質の保障を要求することではなく、子どもの遊び体験とプレイワーカーの役割を中心にした評価の体系です。この本では、プレイワークの存在意義がはっきりと示されています。そして、それがどのようなものであるかについて、的確な表現がなされているといえるでしょう。

　まさに必要とされていた本です。言葉は注意深く選ばれており、「遊びのプロセスやプレイワークについての新しい学術用語」と、「誤解を生む可能性があるにもかかわらず、核となる考え方を簡潔に表現しようとする作業」との間には絶妙なバランスが保たれています。

　そして、この本は、プレイワークを土台にして、プレイワーカーが子どもの遊ぶ権利を脅かす社会政策の課題に対応するための強力なツールとなるでしょう。

「プレイ・トゥデイ」2001 年 7 月号
ウェンディ・ラッセル（プレイワーク・トレーナー兼コンサルタント）

◆ 自己評価のための新しい視点

　教育関係者は、これから先のこの分野に対する評価を新たにしなければなりません。プレイワークは、教育的な実践の評価が最も難しいと思われていた分野のひとつです。そこで、このようなすばらしい自己評価が開発された

ことは、画期的なことといえるでしょう。この本は、実践者がつくるこの分野の評価基準や実践レベルを確立するものとしては、最高のものといえます。また、その他すべての事業評価のあり方を定める指標ともなるものです。そして、この本は、公式・非公式を問わず、プレイワーク教育を考えるうえでも、すばらしいモデルとなるでしょう。

　この繊細かつ洗練された評価の仕組みは、ウェールズでこの分野にたずさわる人たちの手によるものです。この本は、活動を始めたばかりのボランティアから、経験豊かな非常勤スタッフまで、プレイワーカーとして活動する人たちの参考となるでしょう。それだけでなく、重要なのは、この仕組みがこの分野にたずさわる人たちのつながりの中でつくられ、テストが繰り返されてきたことにあります。そして、この専門分野が、子どものニーズとは別の課題をもつ「お役所仕事的な仕組み」にとらわれることなく確立されていることを示すものでもあります。

　また、この本は、幼児教育に楽しさを取り戻すものであり、実践者に主体を取り戻すものといえるでしょう。

「意気投合」プレイワーカー・ユースワーカー・
コミュニティワーカー組合ジャーナル　2002年1月号
ダグ・ニコラス　組合事務局長

「プレイワークを職業とする人の必読書であり、トレーニングのための書籍リストに欠かせない一冊。」
「プレイライツ」遊びに関する理論と実践のための
国際的ジャーナル　2001年9月号

書評から

　ここに、ウェールズで足並みを揃えていこうという動きがあります。それは、子どもの暮らしを向上させ、子どもとそのニーズに対する大人の理解を広げ、子どもと若者が自分たちの暮らしをかたちづくる決定に関われるようにするためのものです。また、これは、子どもへの責任を果たそうとするとき、「大人は独り歩きしてしまうシステムをつくり出すことがある」ということに疑問を投げかけ、「つくられたシステムや仕組みは、時として、本来の対象である子どもの最善の利益と矛盾して、自己保身という間違いを犯すことがある」ということを問いかける動きでもあります。

　そうした議論の中に、この本は存在します。この本は、子どもの遊びに関わる人に明確な視点と仕組みを提示することで、刺激的で思慮に満ちた議論を喚起するものとなっています。そして、子どものニーズを中心に据え、新しいアプローチを試みた本でもあります。そして、今ある基本的な考え方や実践に対して問題提起し、明らかに議論を引き出そうと試みています。これは、歓迎すべきことです。私たちが、ウェールズの子どもの暮らしを向上させたいと願うのであれば、私たちは、ここで提起されている問題に臨み、現在のアプローチを検討しなおさなければなりません。

　そして、この本は、それ以上の意味ももっています。プレイワーカーは、ここで提示された価値観に沿いながら、自己理解を深め、実践にうつすための仕組みを手にすることができるのです。これは、子どもの遊びに関心をもつすべての人の必読書となるでしょう。

ピーター・クラーク
英国ウェールズ議会政府・児童関係担当長官
(2001〜2007)

ついに、「プレイワークがどこで実践されているか」ではなく、「プレイワークでは何が実践されているか」を評価する仕組みが誕生することになりました。

　プレイ・ウェールズの行った仕事は、プレイワーカー自身の豊かな経験を引き出すことでした。そして、プレイワークの地図を描き、子どもが手に入れることのできる経験の豊かさへの道をつけたのです。土台となった情報は、現実的かつ、誰もがふれることができる、対話を大切にした評価の仕組みにつながりました。ここで描かれた地図では、初めて、プレイワークでは重要となる「危険の問題」や「転移の影響」などが提起され、全体の中に織り込まれています。その結果として、プレイワーカー、事業担当者、保護者、資金提供者、トレーナーといった人たちが、自身の事業や活動で子どもがどれくらいの恩恵を受けているのか、またはどれくらいの恩恵を与えることに失敗しているか、そしてその理由は何かということを正確に把握できるようになっています。

　この評価プロジェクトは、「理論面・実践面での泥沼」でもがいているプレイワークを救出し、子どもの遊び経験に対する見方を根本から変える可能性をもっているという点で、きわめて優れたものといえるでしょう。この本は、「遊ぶことは、子どもにとっての何よりの主張だ」と信じる人にとって必携の一冊です。

デイブ・ポッター
1974年以来、プレイワーカーとして活動するかたわら、
地域調停員や関係カウンセラーとしての
活動も展開している

プレイ・ウェールズ（Play Wales）

　プレイ・ウェールズは、英国ウェールズ議会政府の出資を受けた、子どもの遊びのための全国組織です。

　プレイ・ウェールズは、ウェールズ全国自治体連合会を代表団体として、子どもが遊ぶことの大切さへの意識と理解の向上、そして、国内に豊かな遊び環境が提供されることをめざして、1988年に英国ウェールズ省が設立した独立公益法人です。その後、1997年当時のウェールズ議会政府子ども省大臣ウィン・グリフィスの呼びかけに応じ、チャリティ団体として再編成されました。

　プレイ・ウェールズの役割は、子どもの遊びに関心または責任をもつすべての機関・団体の政策や基本構想計画、実践に対して影響力をもつことです。そのために、情報提供、技術的なアドバイスや指導を行います。そして、関係機関によるニーズの把握を支援し、子どもの成長に欠かせない遊びの重要性への社会的認知が広がるように活動します。プレイ・ウェールズは、国内のプレイワークに関する議論の場を提供しつつ、以下のことをとおして、プレイワークに関して国を代表する役割を担っています。

――新しい展開や計画がもち上がった際に、遊びの活動団体、プレイワーカー、保護者、子どもに対して情報提供を行い、相談を受け付けます。
――ウェールズ国内の地方自治体やボランティア団体が、遊びに関する政策を導入し、実行していくことを推進します。

──教育と研修を提供し、子どもの遊びに関する施策全般において、質の高い、安全な実践を推進します。

　プレイ・ウェールズは、地域・地方・全国のネットワークが組織されることを支援し、公的機関とボランティア団体が連携できるようなパートナーシップの発展を支援します。

　プレイ・ウェールズの事業は、以下のとおりです。
──遊びに関する施策全般についての情報やアドバイスの提供とコンサルティング業務
──遊びに関する政策や基本構想の内容や実行に関するアドバイスと研修の提供
──既存の遊びに関する施策の質と効果の評価
──既存の遊び場、冒険遊び場、その他の人員が配置された事業に関する安全検査と危険の査定
──遊び場のデザイン、ロケーション、事業内容に関することや、政策の立案に関するアドバイス
──遊び場のメンテナンスと運営に関する研修の提供
──訴訟に関するアドバイスと援助
──文献や実践例、施策例、研修教材の提供などの情報サービス
──セミナーや研究集会の開催
──子どもの権利の推進

日本語版あとがき

　この本の目的は、みなさんが、何が自分たちの実践に必要なのか、そのためには、どのような研修や実践の見直しが必要なのかを知るためのきっかけを作ることにあります。第4章や第5章にあるような評価表は、単に項目にチェックをつけていくためだけのものではありません。みなさん自身がリストの内容をチェックして、自分たちのオリジナルを作り出していただけたらと思います。そして、みなさんが自分たちでオリジナルの研修計画を立ててみてください。

　ひとつの活動、事業、施設での実践を向上させるには、資格を取るだけでは十分ではありません。日常から、〈もの・環境〉〈人〉〈自分自身〉とのコミュニケーションを通して、意欲と知識と技術を高めていくことが欠かせないのです。そのプロセスでの話し合いがチームワークを育て、自分たちの活動や実践の現状を振り返るためのトレーニングになっていくのだと思います。

　また、この本を作るにあたって、多くの修正箇所や注文を受け入れてくださった学文社のスタッフの皆様、多くの意見をくださった武田信子さん、加賀谷真由美さんをはじめとするみなさんに感謝いたします。

訳　者

著者：ボブ・ヒューズ
1970年にプレイワーカーとなる。以来、3つの冒険遊び場を運営し、その他多くの勤務経験をもつ。また、長年にわたり、プレイワーク・トレーナー、研究者としての経歴をもつ。国際的に認められた理論家であり、実践者でもあるため、日本、アメリカ、アルゼンチン、香港、オーストラリア、ヨーロッパを含め、いくつもの国で講義を行っている。
著書には、『Play Environments: A Question of Quality』『A Playworker's Taxonomy of Play Types』『The First Claim Parts One and Two』『Evolutionary Playwork』『Play Types: Speculations and Possibilities』などがある。
1993-1996年に『インターナショナル・プレイ・マガジン(International Play Magazine)』の初代編集長を務める。2000年にプレイワークの発展における研究で修士号を受ける。近年には、「子どもの遊びに関する生涯貢献賞」を授与された。
詳しくは、www.playeducation.com を参照のこと。

訳者：嶋村　仁志
1968年、東京都生まれ。英国リーズ・メトロポリタン大学社会健康学部プレイワーク学科の高等教育課程を修了。1996年に東京・世田谷にある冒険遊び場「羽根木プレーパーク」でプレーリーダーとなる。2000年にフリーとなり、遊び場活動の立ち上げ支援、子どもの遊びに関わる大人のためのトレーニング、講演などを行ってきた。2003年より、「川崎市子ども夢パーク」に勤務。2009年からは、「プレーパークむさしの」（東京・武蔵野市）を中心に活動している。
IPA（子どもの遊ぶ権利のための国際協会）の東アジア副代表、NPO法人日本冒険遊び場づくり協会理事として、海外での活動も行っており、冒険遊びフェスティバル（香港／2001）、冒険遊び場の立ち上げ支援（カナダ／2004）、「Spirit of Adventure Play（プレイワーカーのための研究集会）」での基調講演（イギリス／2007）のほか、ブラジル、ドイツ、中国などでも講義やワークショップなどを行っている。
2007年に「子どもの遊びと大人の役割研究会」を立ち上げ、子どもが遊ぶことの大切さが社会で広く認知されるための土台作りを研究している。
共著に『もっと自由な遊び場を』大月書店／遊びの価値と安全を考える会編、『Spirit of Adventure Play　2007年イギリスの冒険遊び場事情』がある。

プレイワーク
―― 子どもの遊びに関わる大人の自己評価

2009年9月10日　第1版第1刷発行

著　者　プレイ・ウェールズ／
　　　　ボブ・ヒューズ

訳　者　嶋村　仁志

発行者　田中　千津子

発行所　株式会社　学文社

〒153-0064　東京都目黒区下目黒3-6-1
電話 03 (3715) 1501 代
FAX 03 (3715) 2012
http://www.gakubunsha.com

印刷所　新灯印刷

ⓒ 2009, Printed in Japan
乱丁・落丁の場合は本社でお取替えします
定価はカバー，売上カードに表示

ISBN978-4-7620-1975-3